Introdução à linguística da enunciação

Valdir do Nascimento Flores
Marlene Teixeira

Introdução à linguística da enunciação

Montagem de capa e diagramação
Gustavo S. Vilas Boas

Revisão
Lilian Aquino
Martha Rosemberg

Dados Internacionais de Catalogação na Publicação (CIP)
(Câmara Brasileira do Livro, SP, Brasil)

Flores, Valdir do Nascimento
Introdução à linguística da enunciação / Valdir do Nascimento
Flores e Marlene Teixeira. – 2. ed., 4ª reimpressão. –
São Paulo : Contexto, 2024.

Bibliografia.
ISBN 978-85-7244-308-1
1. Linguística 2. Pesquisa linguística 3. Saussure, Ferdinand
de, 1857-1913 I. Teixeira, Marlene. II. Título.

05-7492 CDD-418

Índices para catálogo sistemático:
1. Enunciação : Linguística 418
2. Linguística da enunciação 418

2024

EDITORA CONTEXTO
Diretor editorial: *Jaime Pinsky*

Rua Dr. José Elias, 520 – Alto da Lapa
05083-030 – São Paulo – SP
PABX: (11) 3832 5838
contato@editoracontexto.com.br
www.editoracontexto.com.br

Sumário

Apresentação

Este livro é sobre a enunciação. Seu objetivo é viabilizar contato com teorias que são a base da pesquisa linguística voltada às relações entre linguagem em uso e sujeito a fim de reunir elementos que permitam falar em uma *linguística da enunciação*.

Tem também propósito didático e dirige-se a leitores que se iniciam nos estudos dessa área, alunos de graduação, pós-graduação e professores de linguagem ou, ainda, aos que percebem as constantes indagações que a língua faz àqueles que a usam.

O livro foi construído a partir de uma hipótese, qual seja, a de que a diversidade entre as teorias que reivindicam pertencimento ao campo da enunciação não impede pensar a constituição de um domínio do saber.

Fazer uma introdução é correr riscos e, com certeza, uma introdução não substitui as obras que estuda, apenas estabelece um viés de abordagem. Assim, nosso maior interesse é apresentar uma interpretação das teorias que consideramos mais representativas do estudo enunciativo da linguagem, indicando algumas fontes bibliográficas e dando alguma informação sobre seus autores. Esse objetivo reveste-se de importância na medida em que se percebe ainda hoje, no Brasil, uma significativa lacuna de trabalhos que visem à sistematização do campo da enunciação.

Adiantamos que a abordagem feita está relacionada aos estudos de linha francesa em função da influência que exerceram (e exercem) sobre a linguística no Brasil. No entanto, não se trata de estabelecer uma história das teorias da enunciação e sua repercussão na França. Isso já está feito por outros autores (cf. bibliografia) e o leitor pode a eles recorrer para tratar dessa questão. A intenção é somente fornecer uma espécie de roteiro de leitura das teorias da enunciação que têm ampla circulação no Brasil,[1] como forma de sistematizar alguns princípios norteadores da pesquisa linguística nessa área.

Dois critérios determinam a escolha das teorias estudadas: a) devem ter relação com as ideias de Ferdinand de Saussure;[2] e b) devem contribuir para o estabelecimento de um pensamento sobre a enunciação na linguagem.

O método utilizado no decorrer do livro é a comparação: "operação pela qual se reúnem dois ou mais objetos para lhes isolar as semelhanças ou as diferenças".[3] Assim, são justapostas diferentes teorias e busca-se, a partir da contraposição entre elas, os pontos comuns. Vale lembrar que consideramos, na comparação, apenas as semelhanças já que, evidentemente, abordar as diferenças implicaria maior detalhamento das teorias, procedimento este inviável para um livro introdutório.

Em suma, falamos em *teorias da enunciação* (no plural) e em *linguística da enunciação* (no singular) para salientar o fato de que se, por um lado, existe uma diversidade que permite considerarmos mais de uma teoria da enunciação, por outro, verificamos que há traços comuns a todas as perspectivas. Em outras palavras, acreditamos na unicidade referencial da expressão *linguística da enunciação*. No entanto, isso não deve levar a crer que procedemos a uma planificação das teorias com a finalidade de alcançar o objetivo de unificá-las em um campo de saber.

Constituem este livro as teorias de: Charles Bally, Roman Jakobson, Émile Benveniste, Mikhail Bakhtin, Oswald Ducrot e Jacqueline Authier-Revuz. São feitas breves referências a outros autores (Culioli, Kerbrat-Orecchioni, Récanati, entre outros) em nota ou mesmo no corpo do texto.

O trabalho que ora apresentamos só foi possível por intermédio dessas teorias, mas não é no intuito de reproduzi-las que o escrevemos. A singularidade da leitura que fazemos do campo da enunciação é perceptível tanto na escolha dos autores quanto na interpretação que deles fazemos. Aliás, não poderia ser diferente, pois a leitura é também fenômeno enunciativo.

Reconhecer isso implica levar em conta a assimetria típica da cena enunciativa: a pessoa que interpreta um enunciado reconstrói seu sentido a partir de indicações nele presentes, mas nada garante que o que ela reconstrói coincida com as representações do enunciador. A relação intersubjetiva que se produz na leitura é sempre inédita. O sentido, longe de ser imanente, se apresenta como o resultado de um processo de apropriação do texto pelo leitor, que imprime a sua singularidade na experiência de leitura.[4]

Admitir a singularidade do ato de leitura afasta a ideia de uma interpretação definitiva e, consequentemente, leva a abandonar uma vontade de domínio absoluto sobre o sentido, a suportar um certo "luto" da interpretação. Sendo assim, esta introdução à linguística da enunciação está longe da ideia de ciência harmoniosa, mito da modernidade, na qual a ignorância, a angústia, a inibição ou o sintoma não encontram lugar. Fica o convite a quem aí quiser abrir outras trilhas.

Notas

[1] Acrescentamos alguns trabalhos que, publicados originalmente em língua inglesa (como é o caso de Jakobson) e em russo (como é o caso de Mikhail Bakhtin), foram posteriormente traduzidos para o francês e tiveram forte repercussão na França e no Brasil.

[2] Não contemplamos a influência do pensamento saussuriano nas obras estudadas porque isso transcende os objetivos propostos. No entanto, tomamos como pressuposto que todas as teorias estudadas, de uma forma ou de outra, a ele se remetem. Com isso, não queremos dizer que os autores que integram a linguística da enunciação, segundo a proposta aqui esboçada, tenham recebido diretamente a influência de Saussure, ou seja, que tenham se filiado a seu pensamento. Ao contrário, ao considerar Saussure um marco, procedemos a dois recortes teóricos-metodológicos: (1) sendo Saussure reconhecidamente o precursor do pensamento linguístico tal como o conhecemos na contemporaneidade, torna-se obrigatória a volta a ele, mesmo que seja para marcar a diferença entre o que estabelece o *Curso de linguística geral (CLG)* e o que é proposto pelos autores que trabalham no campo da enunciação; (2) todos os autores integrantes do que estamos chamando de linguística da enunciação posicionam-se com relação à dicotomia língua/fala presente no *CLG*.

[3] A. Lalande, Vocabulário técnico e crítico da filosofia, São Paulo, Martins Fontes, 1996.

[4] J. Birman, Por uma estilística da existência: sobre a psicanálise, a modernidade e a arte, São Paulo, Editora 34, 1996.

POR QUE UM LIVRO SOBRE ENUNCIAÇÃO?

Por que é necessário fazer um livro introdutório como este ainda hoje? Porque há muita confusão teórico-metodológica nesse terreno minado que é o da enunciação. Percebem-se em dias atuais duas atitudes, não necessariamente excludentes, dos estudiosos com relação ao tratamento enunciativo da linguagem:

- o mero "registro histórico", em que é reconhecida a importância desses trabalhos como passagem da análise imanente para a análise de aspectos mais amplos de produção do discurso. No entanto, tais autores apressam-se em dizer que os estudos da enunciação são apenas uma "fase" da história. A crítica mais severa dirige-se à interpretação geralmente feita do que, na opinião desses estudiosos, seria a concepção de sujeito subjacente a teorias como a de Benveniste e a de Ducrot,[1] por exemplo;
- ou uma espécie de "apropriação" do aparato metodológico das teorias da enunciação sem incorporar a teoria subjacente aos modelos. Em outras palavras, têm-se visto muitos estudos – especialmente teses e dissertações – que repudiam os princípios das teorias da enunciação, mas no momento de efetivar suas análises recorrem aos modelos dessas teorias.

Em linhas gerais, quanto à primeira atitude, vale lembrar que as teorias da enunciação estudam as marcas do sujeito no enunciado e não o próprio sujeito. Claudine Normand (1996), referindo-se a Émile Benveniste, diz que a teoria da enunciação supõe um sujeito, mas não faz teoria sobre ele, pois seu interesse é propriamente o sentido.[2] Logo, seria necessário não ceder ao impulso de ver no sujeito da enunciação uma evidência perceptível, psicológica, livre e transparente. Quanto à segunda atitude, é suficiente dizer que não nos parece adequado recorrer a um domínio com tanta parcialidade.

Ora, o conceito de enunciação[3] "é sem dúvida a tentativa mais importante para ultrapassar os limites da linguística da língua".[4] Com ele, consolida-se o estudo que busca evidenciar as relações da língua não apenas como sistema combinatório, mas como linguagem assumida por um sujeito. As marcas de enunciação no enunciado têm a especificidade de remeter à instância em que tais enunciados são produzidos, fazendo irromper o sujeito da enunciação. Quaisquer que sejam as abordagens, é necessário reconhecer que essas pesquisas subvertem os modelos de análises existentes até então.

Ainda do ponto de vista epistemológico, é importante lembrar que a linguística ressente-se da proliferação de métodos e objetos que requerem para si o estatuto de ciência. Essa crise é derivada exatamente do entendimento de *ciência*, ele mesmo um conceito polivalente. Atualmente, a linguística convive com a diversidade teórica, e seus pesquisadores assumem uma visão sensível aos mecanismos inerentes à língua e, portanto, enfatizam a potencialidade do estudo do fenômeno em nível *stricto sensu* ou adotam uma visão caracterizada pelo constante debate epistemológico e, por isso mesmo, mais sensível à constituição heterogênea da língua (irregularidades, subversões ao sistema etc.). Estes enfatizam a potencialidade do estudo do fenômeno em nível *lato sensu*.

No primeiro grupo, estão as diferentes linguísticas que buscam a formalização de seu objeto. No segundo, aquelas que concebem o próprio objeto como heterogêneo. Defendemos que ambas as perspectivas são complementares e respondem por momentos distintos de análise da linguagem.

A linguística da enunciação encontra abrigo no segundo grupo e isso ao menos por um motivo: incluir no objeto da linguística questões como subjetividade, referência, dêixis, contexto, modalização, entre outras, é concebê-lo como heterogeneamente constituído. Em outros termos, a abordagem de fenômenos relativos ao uso da língua e a quem fala exige novos procedimentos que não necessariamente são contemplados em modelos constituídos aprioristicamente.

Com isso, não estamos querendo dizer que a linguística da enunciação abre mão de formalizar seu objeto. Émile Benveniste, um dos maiores linguistas da enunciação, utiliza o termo "formal" no título de um de seus mais célebres artigos, "O aparelho formal da enunciação". Evidentemente, esse termo deve ser entendido, no contexto da obra de Benveniste –

e acreditamos no escopo da linguística da enunciação –, não no sentido de *formalista* como se pode atribuir, por exemplo, à gramática gerativa, na qual o estudo da forma linguística é determinante em relação a aspectos funcionais e/ou contextuais, mas no sentido de *mecanismos formais de enunciação e/ou de realização do enunciado*.

Segundo Dillinger (1991), os formalistas tratam a língua como objeto descontextualizado, enfatizando aspectos internos de seus constituintes e das relações entre eles, mas sem abordar as relações entre os constituintes e seus significados. Nessas perspectivas, são comuns afirmações como *a língua é um sistema de sons* ou *a língua é um conjunto de frases* ou ainda *a língua é um sistema de signos*. Assim, parece que tanto a gramática gerativa, em suas diferentes versões, como o estruturalismo saussuriano, ao menos na versão da *Glossemática* de Hjelmslev, aparentam comportar a formalização do objeto *língua*. No que tange à linguística da enunciação, esse objeto passa a ser visto com referência à singularidade da ocorrência contextual e, portanto, o adjetivo "formal" deixa de significar imanência para caracterizar o estudo dos mecanismos de enunciação no quadro (formal) de sua realização.

É preciso dizer ainda que as teorias aqui estudadas são o produto de uma seleção pautada por princípios teóricos. Consideramos critério teórico a existência, nos modelos estudados, de reflexão especificamente voltada à enunciação. Em outros termos, constituem o *corpus* de nossas investigações as teorias dos autores que tomam como tema a enunciação e que têm a preocupação de formular um modelo de análise da enunciação.[5] Resta dizer ainda que esses autores e essas teorias receberam tratamento diferenciado no decorrer do livro, na medida em que, devido à recepção que tiveram no Brasil, alguns são mais discutidos que outros.

Notas

1 Ducrot dá uma excelente resposta a essa questão na forma de posfácio em Henry (1992).

2 No Brasil, encontra-se postura semelhante à de Claudine Normand em Fiorin (1996), Flores (1999) e Lichtenberg (2001).

3 Propositadamente, estamos utilizando o termo *enunciação* sem defini-lo com mais rigor. Isso será objeto de discussão a seguir, no âmbito de cada teoria.

4 D. Maldidier; C. Normand; R. Robin, "Discurso e ideologia: bases para uma pesquisa", em Eni Pulccinelli Orlandi (org.), Gestos de leitura, Campinas, Ed. Unicamp, 1994, p. 72.

5 As obras utilizadas encontram-se listadas no corpo do livro e/ou na bibliografia.

O primeiro pós-saussuriano: Charles Bally

Profundo conhecedor de sânscrito e de grego, Charles Bally dedicou-se a fazer do francês o alvo de suas reflexões sobre estilística. Publicou, em 1905, *Précis de stylistique*;[1] em 1909, *Traité de stylistique française*; em 1913, uma seleção de artigos sob o título de *Le langage et la vie* e, em 1932, o volumoso *Linguistique générale et linguistique française,* completamente revisto para a segunda edição, em 1944.

O interesse desse autor pelos estudos de enunciação está registrado no prefácio que faz, com Albert Sechehaye, ao *Curso de linguística geral* (CLG), dizendo que o *Curso,* devido ao seu caráter de organização póstuma, não autorizada por Saussure, é incompleto. Sobre a incompletude do CLG, dizem os autores:

> [...] assim se explica que certas disciplinas mal tenham sido afloradas, a semântica, por exemplo. Não nos parece que essas lacunas prejudiquem a arquitetura geral. A ausência de uma "Linguística da fala" é mais sensível. Prometida aos ouvintes do terceiro curso, esse teria tido, sem dúvida, lugar de honra nos seguintes.[2]

Os trabalhos dedicados à história do pensamento linguístico reservam, normalmente, dois lugares para o nome de Charles Bally: o de discípulo de Saussure e o de criador da nova estilística. Quanto ao primeiro rótulo, mesmo que seja verdadeiro, não é suficiente para falar desse que foi o primeiro linguista a formular um raciocínio voltado à enunciação. É bem verdade que ele esteve vinculado a Saussure em boa parte de sua vida pelo fato de tê-lo sucedido na cadeira de Linguística Geral na Universidade de Genebra, pela primorosa organização do *Curso de linguística geral* e, sobretudo, pela constante referência ao pensamento saussuriano ao longo de sua obra. Quanto ao segundo rótulo, é ele causa de muitos mal-entendidos.

É nos compêndios de estilística e retórica que o nome de Bally mais aparece. Interessado, primeiramente, em questões de estilística, elabora o monumental *Traité de stylistique française*, no qual propõe que deixe de ser normativa para tornar-se descritiva. O autor busca uma estilística da língua, propriamente linguística, e não somente da literatura ou dos escritores. Mesmo que ratifique várias vezes que a diferença entre elas é mais aparente do que real.

Essa distinção é importante porque enfatiza o fato de que não se trata de estudar o estilo artístico pessoal, mas o uso da língua para a expressão dos sentimentos. Na concepção do autor, "a estilística abarca toda a linguagem. Todos os fenômenos linguísticos, desde os sons até as combinações sintáticas mais complexas podem revelar algum caráter fundamental da língua estudada".[3] A definição de estilística empreendida por Bally opõe-se nitidamente àquela tida como estudo científico do estilo de obras literárias.

Ele desenvolve uma linguística da fala, talvez a que faltou ser feita pelo mestre Saussure. O autor parte de um princípio: a linguagem é apta a expressar sentimentos e pensamentos, e é próprio da estilística estudar a expressão dos sentimentos. Isso significa que a estilística deve se preocupar com a presença da enunciação no enunciado e não apenas com o enunciado propriamente dito.

Bally distingue, ainda, os *efeitos naturais* e os *efeitos de evocação do meio* para diferenciar a informação sobre os sentimentos experienciados pelo locutor – normalmente, marcados na escolha lexical – daquela sobre o seu meio linguístico, ou seja, certas palavras e/ou construções sintáticas que podem ser percebidas como identificadoras do meio no qual são mais frequentes. Em ambos, há formas semelhantes de expressão do pensamento, mas distinta expressividade afetiva.

A estilística desse autor é um estudo que busca, na investigação dos processos linguísticos por intermédio dos quais o falante se expressa, dar conta do caráter coletivo da expressividade linguística. Diretamente influenciado por Saussure, Bally assume as distinções língua/fala, sincronia/diacronia e paradigma/sintagma conduzindo-as, como princípios metodológicos, a uma verdadeira abordagem da língua viva, no seu uso cotidiano e oral, com estudos basicamente voltados à fonética, ao uso lexical e às construções sintáticas.

Soma-se a isso o grande interesse de Bally pelas questões pedagógicas do ensino da língua materna. Na introdução do *Traité de stylistique française* reforça o caráter pedagógico da estilística, colocando-se no terreno das questões de aprendizagem da língua. Sob esse aspecto, sua estilística é inovadora, pois mostra a inadequação do estudo da linguagem baseado em noções como a de "certo" e a de "errado".

Uma de suas principais teses diz respeito à transitoriedade e à incompletude do sistema linguístico. A partir da oposição saussuriana entre língua e fala, considera que a língua, como padrão linguístico, é base para o discurso, opondo a virtualidade da língua à realização da fala.

Bally vê na oração duas partes: a do *dictum*, base da oração, e a do *modus*, operação do falante sobre o *dictum*. Como bem lembra Auroux (1998), "o próprio da linguagem humana é ser falada por sujeitos, situados *hic et nunc*, que não se contentam com exprimir um conteúdo representativo, mas atribuem um ponto de vista sobre esse conteúdo".[4] Para ele, a frase comporta um *dictum* correlativo dessa representação e um *modus* correlativo à avaliação modal de quem fala.

Língua, para o autor, é conceito oriundo daquele formulado no CLG, mas com outra amplitude já que leva em consideração a atividade do sujeito falante. Diz Bally:

> [...] se a língua é o acervo dos signos e das relações entre os signos, enquanto todos os indivíduos lhes atribuem os mesmos valores, a fala é o funcionamento desses signos e de suas relações para expressar o pensamento individual: é a língua em ação, a língua realizada.[5]

Assim, se a estilística estuda *os fatos da expressão do ponto de vista de seu conteúdo afetivo*, então a subjetividade, pensada em termos de emotividade, está inscrita na língua e, em especial, na língua falada em situações concretas de comunicação.

É, também, bastante clara a influência do anti-intelectualismo de Bergson na abordagem da língua proposta por Bally. Bergson vê a natureza do homem como um todo espiritual em constante busca de interação emocional com o universo. A língua, nessa concepção, está em uma relação íntima com a vida. Daí o belo título da reunião de ensaios publicada em 1913: *Le langage et la vie*.[6] No uso linguístico, há a possibilidade de o falante expressar seus impulsos. A expressividade constitui todo o enunciado; não é, pois, pura comunicação do pensamento. No entanto, a preocupação de Bally é estritamente linguística e não psicológica. O objeto da estilística é a expressão da fala e não o pensamento em si.

Do ponto de vista metodológico, a perspectiva adotada pelo autor é a de se colocar a partir de uma língua particular – no caso o francês. Soma-se a isso a ênfase na fala oral cotidiana.

Em decorrência do que foi dito, podemos afirmar que há uma teoria da enunciação em Bally, e mais, que ela não está restrita à oposição *dictum/ modus*. Mais do que isso, ela distingue a manifestação do sujeito falante em categorias gramaticais específicas da presença suposta nos empregos de classes gramaticais. De mais a mais, a teoria de Bally integra ao estudo da língua o contexto linguístico, desenvolvendo temas (*thème/propos*) que viriam polarizar a atenção da linguística textual iniciada pela Escola de Praga.

Em termos epistemológicos, Bally é um precursor. Entre Bergson e Saussure está Bally. Como afirma Medina (1985), as posições dos dois autores são inconciliáveis e, durante as sucessivas edições de *Le langage et la vie,* Bally oscila entre um e outro "tudo se passa como se Bergson fornecesse a Bally uma base de reflexão com base na qual ele pode aceitar e mesmo integrar o pensamento de Saussure".[7] Em *Linguistique générale et linguistique française*, Saussure é retomado, em especial, a partir dos conceitos de arbitrariedade e motivação. De qualquer forma, vale lembrar ainda com Medina, que esses conceitos constituem a originalidade da estilística de Bally: em razão de seu método, ele pode ser definido como um linguista que não se contenta com uma simples referência formal a Saussure,[8] o mestre, mas que faz do CLG fonte de inspiração para outras finalidades.

Duas questões sobram das reflexões feitas para as quais apenas delinearemos as respostas: o que é enunciação para Bally? Que noção de sujeito está aí implicada? E a sugestão de resposta vem com Auroux (1998), para quem "a analisabilidade em *dictum* + *modus* é constitutiva de qualquer enunciado linguístico e, logo, de qualquer comunicação em língua natural".[9] Assim, a enunciação comporta a conversão do estudo lógico da frase em análise que considera o sujeito que fala. Acrescente-se a isso o fato de que é essencial para Bally distinguir entre o sujeito falante manifestado explicitamente (*modus* em que o sujeito se identifica ao sujeito falante) de sua presença implícita (*modus implicito).* Há separação, então, entre sujeito falante e sujeito modal.

Notas

[1] Obra a que não tivemos acesso.

[2] Ferdinand de Saussure, Curso de linguística geral, São Paulo, Cultrix, 1975, p. 4

[3] C. Bally, El lengaje y la vida, Buenos Aires, Losada, s.d., p. 95.

[4] S. Auroux, Filosofia da linguagem, Campinas, Ed. Unicamp, 1998, p. 42.

[5] Idem, p.118.

[6] A respeito especificamente da relação entre Bally e Bergson e do livro *Le langage et la vie,* vale lembrar o excelente artigo de J. Medina, "Charles Bally: de Bergson à Saussure", publicado em Langages, Paris, Larrouse, 1985, n. 77.

[7] J. Medina, op. cit., p. 101.

[8] *Le langage et la vie* é publicado com registro de homenagem a Ferdinand de Saussure.

[9] Idem, p. 43.

O LINGUISTA DA COMUNICAÇÃO: ROMAN JAKOBSON

Como bem lembram Pomorska & Rudy (1992), Roman Jakobson é autor de mais de seiscentas publicações entre livros e artigos. Com isso, queremos dizer que dificilmente poderia ser apresentado em uma introdução[1] sem que fossem operados recortes, até mesmo reducionistas. Jakobson interessava-se por muitos temas: o folclore, a poesia, a fonologia, a crítica literária, a aquisição de linguagem, as línguas do mundo, a patologia de linguagem, entre outros. É certamente impossível retomar tudo o que esse linguista fez em uma magnífica carreira com tantos interesses, cada um dos quais é suficiente para ocupar a atenção de qualquer leitor. Logo, será abordada aqui apenas a parte da teoria que consideramos mais importante para os estudos de enunciação, em especial, a partir da definição dos *shifters* e das funções da linguagem.[2]

Nascido a 11 de outubro de 1896 em Moscou, Roman Jakobson é figura importante, durante o século XX, na divulgação de trabalhos que buscam intersecção da linguística com a poética; exemplo disso é sua participação na criação do Círculo Linguístico de Moscou (*CLM*), em 1915; do Círculo Linguístico de São Petersburgo (*CLSP*), em 1917; e do Círculo Linguístico de Praga (*CLP*), em 1926.[3] Deste último sairiam as grandes teses estruturalistas (1929), principalmente com relação à fonologia.[4]

Conforme Dosse (1993), o êxito do estruturalismo na França deveu-se, em grande parte, ao resultado do encontro entre Claude Lévi-Strauss e R. Jakobson.[5] Por um lado, Lévi-Strauss adota o modelo fonológico de Jakobson; por outro, Jakobson abre a linguística para a Antropologia. No capítulo "A linguagem comum dos linguistas e dos antropólogos", publicado no Brasil em *Linguística e comunicação,* esse autor fala da teoria matemática da comunicação e da teoria da informação nos progressos da linguística desde Peirce e Saussure. Para ele, deve-se abrir a linguística à significação. Com essa atitude, há a abertura para a Antropologia.

A relação de Jakobson com a Antropologia é anterior a Lévi-Strauss. Situa-se na sua dupla filiação à linguística europeia e à norte-americana. Esta última, por sua vez, é bastante influenciada pela Antropologia no estudo das línguas ameríndias. A influência saussuriana deve-se à leitura do CLG, datada de 1920, em Praga, portanto, em época anterior ao Círculo Linguístico de Praga. São, porém, os trabalhos de Meillet, conhecidos por intermédio de Troubetskoy entre 1914-1915, que em primeiro lugar chegam a Jakobson.

As teses de 1929 estão na intersecção do estruturalismo saussuriano e da fenomenologia de Husserl. De Saussure, foi incorporada a noção de *estrutura*, anunciada no CLG pelo conceito de sistema; de Husserl, foi tomada a atitude "lógica que permite ao ego estabelecer simultaneamente um ser exterior à sua consciência julgadora e à unidade dessa própria consciência".[6] Essa segunda filiação permite aos linguistas de Praga elaborar, com exclusividade, uma reflexão sobre a função poética da linguagem. "A poesia é não só oposta à função comunicativa da mensagem verbal ordinária, mas concebida como residindo na atitude particular do falante e do destinatário em relação a essa mensagem."[7]

Há nas teses de Praga, porém, certa distância de Saussure, principalmente no que diz respeito à ênfase na funcionalidade do conceito de língua e à divergência do corte entre diacronia e sincronia. Jakobson (1992) prefere a noção de sincronia dinâmica, pois para ele Saussure vê a língua como sistema (sincronia) que se opõe ao desenvolvimento histórico (diacronia), em uma oposição entre estático e dinâmico. O autor considera que essa oposição é falsa, visto que exclui a função do tempo no momento presente da língua e, portanto, cria uma divisão errônea entre o passado e o presente da língua nos processos linguísticos.

Jakobson pode ser considerado um dos primeiros linguistas a pensar sobre as questões de enunciação, porque sua teoria das funções da linguagem e seu trabalho sobre os *shifters* são algumas das primeiras sistematizações que se têm em linguística sobre o lugar do sujeito na língua.

A teoria das funções da linguagem supõe um sujeito. Quem é esse sujeito capaz de falar e de ter diferentes atitudes em relação a diversos aspectos da mensagem? Eis aí a influência fenomenológica no trabalho de Jakobson.

A bem da verdade, o primeiro a tratar das funções da linguagem não é Jakobson, mas o psicólogo alemão Karl Bühler, em obra de 1934. Bühler foi devidamente apresentado aos meios acadêmicos do Brasil com os excelentes

Princípios de linguística geral e *História da linguística*, ambos de Mattoso Câmara. Segundo Câmara (1990), embora discípulo de Saussure, no que diz respeito ao aspecto estrutural da linguagem, à sua natureza e à necessidade de distinguir entre sincronia e diacronia, Bühler se afasta desse autor ao considerar, ao lado da representação (aspecto intelectual da linguagem), um aspecto não intelectual da linguagem, dividido em um esforço de chamar a atenção do ouvinte e um modo de dar vazão ao mundo íntimo emocional do falante. As funções implicadas nesse processo são: de representação, de apelo e da expressão.

Conforme Ducrot & Todorov, "Bühler conserva de Humboldt a ideia de que o essencial numa linguagem é um certo modo de atividade do espírito humano. Mais precisamente, tenta conciliar essa ideia com o dogma saussuriano de que um estudo da língua é anterior ao da fala".[8] Estão implicados no esquema de Bühler, o mundo (o conteúdo do qual se fala), o locutor (aquele que fala) e o destinatário (aquele com quem se fala). Por esse motivo, o enunciado linguístico é, essencialmente, o ato de significar algo (representação) por alguém (o locutor) a outro alguém (destinatário). Têm-se aí três funções da linguagem: representativa, apelativa e expressiva.

O esquema de Bühler foi retomado por Jakobson.[9] Além das funções representativa, apelativa e expressiva (do mundo, do locutor e do destinatário) – rebatizadas por Jakobson de referencial, expressiva e conativa –, são acrescentadas a metalinguística, a poética e a fática (referentes ao código, à mensagem e ao contato).[10] O texto de Jakobson que, no Brasil, melhor apresenta essas funções é *Linguística e poética*.[11] Nele, o autor dá pequena descrição linguística correlativa ao modelo proposto: a) função emotiva (as interjeições são *o estrato puramente emotivo da linguagem*); b) função conativa (expressa no vocativo e no imperativo); c) função referencial (quando se tem a criação de contextos comuns mediante a representação, serve para transmitir uma informação sobre o contexto); d) função fática[12] (trocas linguísticas por meio de fórmulas ritualizadas: "Alô, está me ouvindo?"); e) função metalinguística (glosas como "não estou compreendendo – que quer dizer?"); f) função poética (aquela em que a mensagem se volta para si mesma).[13]

Segundo Frank (1992), um dos objetivos de Jakobson com esse ensaio era argumentar a favor da importância de se estudar a função poética da linguagem. Mediante a distinção entre metáfora e metonímia, define o processo da função poética como um aspecto expressivo da própria linguagem. A metáfora é baseada em relações de similaridade ou equivalência, a metonímia em relações de contiguidade. "A função poética projeta o princípio de equivalência do eixo de seleção sobre o eixo de combinação."[14] O eixo de seleção "implica a possibilidade de substituir um [termo] pelo outro, equivalente ao primeiro num aspecto e diferente em outro";[15] o eixo de combinação demanda "que qualquer unidade linguística serve, ao mesmo tempo, de contexto para unidades mais simples e/ou encontra seu próprio contexto em uma unidade linguística mais complexa".[16] Na linguagem poética, "a escolha dos termos é determinada por relações de simetria ou dissimetria, ou ligações metafóricas, que têm precedência sobre a estrutura sintática necessária à transmissão da mensagem".[17]

Em que sentido se pode considerar a teoria das funções da linguagem um estudo de enunciação? Evidentemente em um sentido bem amplo, pois subjaz a essa perspectiva a teoria da comunicação acompanhada de uma perspectiva de língua como código, questões essas ausentes das teorias da enunciação propriamente ditas. No entanto, não se pode negar que Jakobson é pioneiro na sistematização de um modelo que inclui a atividade da fala. O sujeito que nesse quadro tem lugar é o sujeito falante, mesmo que, em linhas gerais, se possa considerar as funções da linguagem como representações linguísticas daquele que fala.[18]

Mas é com o estudo dos *shifters* que Jakobson realmente sistematiza um trabalho enunciativo da linguagem.[19] Na primeira parte do texto, o autor apresenta quatro tipos de relações entre o código e a mensagem, ancoradas na teoria da comunicação. Código e mensagem podem ter funcionamento desdobrado: podem ser tratados como objeto de emprego ou como objeto de referência.

A estrutura desdobrada tem as seguintes configurações: a mensagem pode remeter ao código (M/C); a mensagem pode remeter a outra mensagem (M/M); o código pode remeter ao código (C/C); o código pode remeter à mensagem (C/M). Jakobson exemplifica o primeiro caso com a sinonímia e a tradução; o segundo, com o discurso citado; o terceiro, com o nome próprio; e o último é propriamente o caso dos *shifters*, dos pronomes pessoais, por exemplo.[20] Às relações (M/M) e (C/C), o autor chama de circularidade; às relações (M/C) e (C/M), chama de imbricações. Os *shifters* são precisamente esses elementos do código que remetem à mensagem.

Lembrando a classificação peirceana dos signos em símbolos, índices e ícones, Jakobson considera dois aspectos desse sistema: um símbolo associa-se ao objeto representado por meio de uma regra convencional; um índice está em relação de existência com o que representa (o ato de apontar para). Em outras palavras, a convencionalidade da regra diz respeito ao código; a relação existencial com o objeto diz respeito à mensagem. Os *shifters* combinam as duas funções: são símbolos-índices.

Jakobson exemplifica muito bem isso com os pronomes pessoais: no pronome "eu" há aquilo que remete ao código, à regra convencional, e aquilo que remete à mensagem. Quanto ao código, diz ele: "por um lado, o signo 'Eu' não pode representar seu objeto sem estar associado a ele 'por uma regra convencional' e, em códigos diferentes, o mesmo sentido é atribuído a diferentes sequências, tais como 'je', 'ego', 'ich', 'I', etc. das quais 'Eu' é um símbolo".[21] Quanto à mensagem: "por outro lado, o signo 'Eu' não pode representar seu objeto se não estiver 'em uma relação existencial' com esse objeto: a palavra 'eu', designando o enunciador, está em uma relação existencial com a enunciação, na qual funciona como um índice".[22]

O autor faz ainda um debate em torno da existência ou não de significado geral para os *shifters*. Para ele, "muitas vezes se pensou que o caráter particular do pronome pessoal e dos outros *shifters* residia na ausência de uma significação geral única e constante".[23] Em função dessa multiplicidade de significações contextuais, os *shifters* foram considerados meros índices, ao contrário dos símbolos. Jakobson considera que há significação geral própria aos "shifters: assim,"eu" designa o destinador (e "tu" o destinatário) da mensagem a qual pertence".[24]

Os pronomes pessoais são símbolos-índices em que o código e a mensagem se entrelaçam. "Essa complexidade explica porque os pronomes estão entre as aquisições mais tardias da linguagem infantil e entre as primeiras perdas da afasia".[25]

Na segunda parte do texto, Jakobson propõe a classificação das categorias verbais com base numa dupla distinção: a primeira entre a enunciação (a) e o seu objeto – a matéria enunciada, o enunciado (e); a segunda, entre o ato ou processo (C) e os protagonistas (T). Tomando em consideração essas distinções, temos: (a) enunciação; (e) enunciado; (C) ato ou processo; (T) protagonistas.

As categorias verbais podem ser de dois tipos conforme impliquem ou não os protagonistas do processo. Quando da caracterização de somente um termo do enunciado (Ce ou Te) tem-se os "designadores", quando da caracterização de um termo com outro do enunciado (Ce /Ce ou Te /Ce) tem-se os "conectores". Ambos podem ser referidos ao processo de enunciação (Te/Ta, por exemplo); a esses Jakobson denomina de *shifters*. Nesse contexto, a enunciação é o diferencial entre um *shifter* e um *não shifter*. Observe-se o quadro abaixo:[26]

	T implicado		T não implicado	
	Designador	Conector	Designador	Conector
Não shifter	Te (gênero e número)	TeCe (voz ou diátese)	Ce (estado e aspecto)	CeCe (ordem)
Shifter	Te/Ta (pessoa)	TeCe/Ta (modo)	Ce/Ca (tempo)	CeCea/Ta (evidência)

Como se pode ver, o que distingue um *shifter* de um *não shifter* é a referência ou não à enunciação. A diferença entre essa parte do texto e a anterior é que, na primeira, os *shifters* são definidos como elementos do código que remetem à mensagem (C/M) e, na segunda, como aqueles que remetem à enunciação (a).

O estatuto da enunciação em uma teoria como a de Jakobson é o de atividade pela qual se manifesta a presença codificada do locutor no interior do enunciado. Em outras palavras, há certa disparidade nas definições de *shifters* presentes nas duas partes do texto. Na primeira, a relação do código à mensagem (C/M) enfatiza o aspecto índice e o aspecto símbolo dos *shifters*. Na segunda, a referência à enunciação é antecedente para a existência de um *shifter*.

Como bem lembra Lahud, dizer que um *shifter* é constituído pela remissão do código à mensagem (C/M) não é sinônimo de dizer que é o enunciado que remete à enunciação: "em todo caso, não é código-mensagem, mas enunciado-enunciação que realmente conta na descrição efetiva dos *embrayeurs* de Jakobson".[27]

Finalmente, gostaríamos de lembrar que fizemos um recorte de abordagem das teses de Jakobson, enfatizando aspectos de sua teoria das funções da linguagem e dos *shifters*. Isso de forma alguma esgota o pensamento desse autor. Concluímos, dessa forma, este capítulo lembrando as belas palavras de Frank (1992), com as quais concordamos na íntegra: "muitos continuarão esta conversa sobre o fisicamente ausente, mas indelevelmente presente Roman Jakobson, que com o trabalho de sua vasta vida propiciará inspiração a outros ainda por muitos anos".[28]

Notas

[1] Boa parte dessa obra está reunida, em inglês, em sete volumes: os *Selected Writings*. V. I: *Phonological Studies;* V. II: *Word and Language;* V. III: *Poetry of Grammar and Grammar of Poetry;* V. IV: *Slavic Epic Studies;* V. V: *On Verse, its Masters and Explorers;* V. VI: *Early Slavic Paths and Crossroads;* V. VII: *Contribuitions to Comparative Mythology. Studies in Linguistics and Philology.* Para uma relação completa da obra de Jakobson, ver: S. A. Rudy, A Complete Bibliography of Roman Jakobson's Writings, 1912-1982, Berlin-Amsterdam-New York, Mouton, 1984.

[2] Em português encontramos os seguintes livros de Jakobson: Fonema e fonologia, Rio de Janeiro, Livraria Acadêmica, 1967; Linguística e comunicação, São Paulo, Cultrix, 1974; Linguística, poética e cinema, São Paulo, Perspectiva, 1970; Poética em ação, São Paulo, Edusp/Perspectiva, 1990; Seis lições sobre o som e o sentido, Lisboa, Moraes, 1977; Relações entre a ciência da linguagem e as outras ciências, Lisboa, Bertrand, 1974. Há, também, um livro com Krystyna Pomorska, Diálogos, São Paulo, Cultrix, 1985. Há artigos em coletâneas: D. de Toledo, O círculo linguístico de praga: estruturalismo e semiologia, Porto Alegre, Globo, 1978. O volume 49 da coleção Os Pensadores, São Paulo, Abril Cultural. D. de Toledo, Teoria da literatura: formalistas russos, Porto Alegre, Globo, 1978. Mirian Lemle; Yonne Leite, Novas perspectivas linguísticas, Petrópolis, Vozes, 1970. Ainda há artigo na coletânea de vários autores: Língua, discurso e sociedade, São Paulo, Global, 1983.

[3] O Círculo Linguístico de Praga foi fundado em 6 de outubro de 1926 com a participação de linguistas como Mathesius e Troubetskoy, entre outros. Ver: J. Kristeva, Para além da fenomenologia da linguagem, em D. de Toledo, Círculo linguístico de Praga: estruturalismo e semiologia, Porto Alegre, Globo, 1978.

[4] Em 1939, é publicado *Princípios de fonologia,* de Troubetskoy.

[5] Também segundo Frank (1992), "parte da fama de Jakobson pode certamente ser atribuída ao acaso histórico. Foi um acidente, mas um felicíssimo acidente, que ele estivesse ensinando na mesma École Libre des Hautes Études, fundada em Nova York durante a Segunda Guerra Mundial por refugiados franceses e belgas, onde Lévi-Strauss estava também dando cursos de Antropologia. Cada um seguia os cursos do outro e Lévi-Strauss, em consequência, começou a ver como as ideias linguísticas de Jakobson poderiam ajudá-lo a resolver alguns dos problemas antropológicos com que estava lutando. Foi esse encontro que deu nascimento ao estruturalismo francês". Ver: J. Frank, Pelo prisma russo: ensaios sobre literatura e cultura, São Paulo, Edusp,1992, p. 5.

[6] J. Kristeva, op. cit. p. xii.

[7] Idem, p. xiv.

[8] O. Ducrot e T. Todorov, Dicionário enciclopédico das ciências da linguagem, São Paulo, Perspectiva, 1988, p. 303.

[9] Diz Jakobson: "o modelo tradicional da linguagem, tal como o elucidou Bühler particularmente, confinava-se a essas três funções – emotiva, conativa e referencial – e aos três ápices desse modelo – a primeira pessoa, o remetente; a segunda pessoa, o destinatário; e a terceira pessoa propriamente dita, alguém ou algo de que se fala". Cf. R. Jakobson, Linguística e comunicação, São Paulo, Cultrix, 1974, p.126.

[10] "Embora distingamos seis aspectos básicos da linguagem, dificilmente lograríamos, contudo, encontrar mensagens verbais que preenchessem uma única função. A diversidade reside não no monopólio de algumas dessas diversas funções, mas numa diferente ordem hierárquica de funções" (Idem, p.123).

[11] Este artigo encontra-se em R. Jakobson, op. cit., 1974.

[12] "É também a primeira função verbal que as crianças adquirem; elas têm tendência a comunicar-se antes de serem capazes de enviar ou receber comunicação informativa" (Idem, p.127).

[13] Vale lembrar outro texto de Jakobson, "Dois aspectos da linguagem e dois tipos de afasia", publicado no Brasil em *Linguística e comunicação*, que anuncia (cf. cronologia) o trabalho com as funções a partir da problemática das afasias. Quanto à função metalinguística, diz o autor: "o recurso à metalinguagem é necessário tanto para a aquisição da linguagem como para seu funcionamento. A carência afásica da capacidade de denominar constitui propriamente uma perda de metalinguagem" (Idem, p.47).

[14] Idem, p.130.

[15] Idem, p. 40.

[16] Idem, p. 39.

[17] J. Frank, op. cit., p.14.

[18] Diz Auroux (op. cit., p. 41): "o modelo de Jakobson foi muitas vezes utilizado e frequentemente comentado. Seu principal defeito é o de pressupor que a linguagem humana possui a estrutura de um código e que há sempre mensagens preestabelecidas a codificar de modo perfeitamente definido *a priori*".

[19] Publicado, originalmente, em inglês, em 1957, com o título "Shifters, Verbal Categories, the Russian Verb", esse artigo recebeu tradução para o francês, em 1963, e integra a publicação de *Essais de linguistique générale*. *Shifters* foi traduzido por Nicolas Ruwet como *embrayeurs*, termo este que recebeu tanta notoriedade quanto o primeiro. Em português, recebeu várias traduções – embreantes, embreadores etc. (cf. Lahud, 1979). Optamos por manter o termo em inglês.

[20] No final da primeira parte do texto, Jakobson dá o seguinte exemplo: "João me explicou que 'pelanca' quer dizer 'carne'. Neste breve enunciado estão compreendidos os quatro tipos de estruturas duplas: o discurso indireto (M/M), uma mensagem autonímica (M/C), um nome próprio (C/C) e os *shifters* (C/M), isto é, o pronome de primeira pessoa e o tempo passado do verbo, assinalando um acontecimento anterior à enunciação da mensagem." Ver: R. Jakobson, "Les Embrayeurs, les catégories et le verbe russe", em Essais de linguistique générale, Paris, Minuit, 1963, p.180.

[21] Idem, p.179.

[22] Idem, ibidem.

[23] Idem, ibidem.

[24] Idem, ibidem.

[25] Idem, p.180. Nesse momento, Jakobson faz uma bela reflexão sobre as dificuldades que a criança tem para usar os pronomes pessoais. Para ele, ela aprendeu a se identificar com um nome próprio, motivo pelo qual não é fácil se habituar aos pronomes pessoais.

[26] Este quadro é uma síntese feita a partir do texto de Jakobson, da leitura de Lahud (1979) e da excelente descrição proposta por Bechara (1999) para o português.

[27] M. Lahud, A propósito da noção de dêixis, São Paulo, Ática, 1979, p. 114.

[28] Frank, op. cit., p. 18.

A linguística comporta a enunciação: Émile Benveniste

O leitor deverá perceber, a seguir, certa desproporção quanto à ênfase dada a Émile Benveniste em relação aos demais autores da linguística da enunciação. Isso se deve a um motivo: ele é considerado o linguista da enunciação e consequentemente o principal representante do que se convencionou chamar de *teoria da enunciação*. Não se trata aqui de estabelecer hierarquias, mas de reconhecer uma filiação epistemológica.[1]

Émile Benveniste talvez seja o primeiro linguista, a partir do quadro saussuriano, a desenvolver um modelo de análise da língua especificamente voltado à enunciação. O lugar desse autor é singular no contexto histórico em que suas reflexões foram produzidas: o apogeu do estruturalismo nas ciências humanas como método rigoroso de análise de fenômenos antes excluídos da investigação científica.

O estruturalismo moderno teve seu início com Saussure – em especial, com a leitura hjelmsleviana de Saussure – a partir da clássica dicotomia *langue/ parole* (língua/fala). O objeto da linguística foi concebido, na perspectiva estruturalista, como um sistema de relações internas do qual se deveria reter as leis de organização. Disso resultou o objetivo geral de investigar as regularidades do sistema, abstraindo, para tanto, toda a referência a elementos externos ao método.

Foi o dinamarquês Louis Hjelmslev quem proporcionou ao formalismo estrutural a axiomatização radical, projetando para o campo semiótico a tese de que subjaz uma estrutura à ordem dos sistemas simbólicos. A *Glossemática*[2] foi responsável pela imagem matematizada da teoria linguística, imagem esta que se mantém até hoje. Os *Prolegômenos* possibilitaram a ele apresentar ao público de sua época as noções de forma e substância. É a partir delas que o autor deverá pensar a estrutura como um nível puramente combinatório.

A teoria de Hjelmslev exerceu forte domínio sobre a intelectualidade da época, exatamente por reunir em torno de si o ideal de cientificidade que se almejava para as ciências humanas em geral. A ele filiam-se, cada um a seu modo, Algirdas-Julian Greimas, Jean Dubois, Roland Barthes (em alguns de seus estudos), Bernard Pottier, entre outros.

No estruturalismo de Hjelmslev não há espaço para aquele que enuncia. As estruturas são conformadas ao ideal da repetibilidade e, portanto, em oposição à enunciação e seus mecanismos – por natureza, sensíveis à irrepetibilidade do *aqui agora*. A enunciação é desde sempre vista com certa desconfiança em função do forte componente contextual que era exigido para que seus fenômenos fossem devidamente explicados. Quanto a isso, pode-se dizer que havia um princípio que interditava acesso a ela pelos estruturalistas: o princípio da imanência. Acreditava-se que abordá-la era dar lugar a fenômenos extralinguísticos, exteriores ao sistema, logo, sem pertinência para uma visão estrutural da língua.

É claro, portanto, o clima adverso com o qual se deparou Benveniste, quando da proposta para incluir os estudos da enunciação e por eles os da subjetividade no objeto da linguística, tendo por base o mesmo estruturalismo saussuriano. Pois, se de um lado Benveniste mantém-se fiel ao pensamento de Saussure – na justa medida em que conserva concepções caras ao saussurianismo, tais como estrutura, relação, signo –, por outro apresenta meios de tratar da enunciação ou, como ele mesmo diria, do *homem na língua*. Esta é a inovação de seu pensamento: supor sujeito e estrutura articulados.[3]

Justifica-se, enfim, o fato de François Dosse (1993) tê-lo tratado sob o rótulo da "Exceção francesa" ou ainda de que Thomas Pavel (1990) somente se refira a ele quando trata da filosofia da linguagem na França. Ora, Benveniste é um estruturalista,[4] sua semântica é pautada pelos princípios estruturais.[5] Em testemunho disso estão os numerosos artigos publicados em *Problemas de linguística geral* (I e II) que retomam a teoria de Saussure. A esse respeito é pertinente lembrar, em especial, as noções de *estrutura* e de *signo*, ambas redefinidas a partir das próprias bases saussurianas, presentes em textos como *A natureza do signo linguístico* (1939) e *"Estrutura" em linguística* (1962).

Isso, porém, não deve levar a crer que Benveniste seja um continuador *stricto sensu* de Saussure. Ao contrário, a teoria da enunciação é responsável por instaurar um pensamento diferenciado acerca da linguagem. Na tentativa de circundar esse pensamento, para esta *introdução*, foram considerados alguns textos, constantes em *Problemas de linguística geral I (PLG I)* e *Problemas de linguística geral II (PLG II)*, que julgamos essenciais para o entendimento da teoria desse autor. São eles:

- Em *PLG I*:[6] "Estrutura das relações de pessoa no verbo" (1946), "A natureza dos pronomes" (1956), "Da subjetividade na linguagem" (1958), "As relações de tempo no verbo francês" (1959), "Os verbos delocutivos" (1958), "A filosofia analítica e a linguagem" (1963), "Os níveis da análise linguística" (1964);

- Em *PLG II*: "O antônimo e o pronome em francês moderno" (1965), "A linguagem e a experiência humana" (1965), "A forma e o sentido na linguagem" (1967), "Estrutura da língua e estrutura da sociedade", "Semiologia da língua" (1969), "O aparelho formal da enunciação" (1970).

A seguir, utilizamos esses textos para desenvolver a apresentação de alguns eixos temáticos da obra de Émile Benveniste.

O primeiro eixo é o da (inter)subjetividade na linguagem. A perspectiva semântica desenvolvida por Benveniste está relativamente sintetizada em um texto, "A semiologia da língua", que estabelece oposição entre dois níveis de significação: o semiótico e o semântico. Na tentativa de responder à pergunta "o que é a significação?", o autor recorre à noção de signo e diz que está articulada à de significação no estudo da língua. Assim, vincula-se à ideia de língua como sistema de signos, em uma remissão clara a Saussure, definindo o signo como unidade semiótica. Em outras palavras, ele é necessariamente um elemento de dupla relação cuja *unidade* é *submetida* a uma ordem semiótica. *Unidade* porque decomponível do todo que é a linguagem e *submetida* porque limitada à ordem da significação.

Nessa perspectiva, o primeiro modo de significação corresponde ao nível "intralinguístico" em que cada signo é distintivo, significativo em relação aos demais, dotado de valores opositivos e genéricos e disposto em uma organização paradigmática. A esse nível Benveniste denomina de *semiótico*. Desse ponto de vista, não interessa a relação do signo com as coisas denotadas, nem da língua com o mundo.

O segundo modo de significação resulta da atividade do locutor que coloca a língua em ação e é denominado de *semântico*. O critério utilizado é o da comunicação para definir a *palavra* como a unidade de operações sintagmáticas que se realizam no nível da frase.

É necessário enfatizar a diferença percebida nos dois níveis quanto ao tratamento dado à referência.[7] No semiótico, ela está ausente; no semântico, é definidora do sentido porque este se caracteriza pela relação estabelecida entre as ideias expressas sintagmaticamente na frase e a situação de discurso. A conclusão decorrente é que Benveniste, ao propor um nível de significado que engloba referência aos interlocutores, apresenta um modelo de análise da enunciação em que os interlocutores referem e correferem na atribuição de sentido às palavras.[8] Essa distinção possibilita o entendimento da categoria de pessoa e dos conceitos de intersubjetividade e de enunciação, básicos em sua teoria.

Para estudar a intersubjetividade em Benveniste, é fundamental a ela juntar a discussão sobre a estrutura do sistema pronominal pessoal e sobre a enunciação. Em *Estruturas das relações de pessoa no verbo*, o autor diz que uma teoria linguística da pessoa verbal deve ser feita com base na estrutura opositiva entre elas; por isso é que ele distingue as duas primeiras pessoas (eu e tu) da terceira (ele) a partir de duas correlações: a de *personalidade* e a de *subjetividade*.

A primeira separa o "eu/tu" – em que existe uma concomitância entre a pessoa implicada e o discurso sobre ela – do "ele" – privado da característica de pessoa e evidenciado como a forma verbal para indicar a não pessoa. Essa oposição é feita por meio de uma tripla especificidade de "eu/tu" em relação a "ele". A categoria de pessoa caracteriza-se pela sua unicidade, inversibilidade e ausência de predicação verbal. A segunda correlação opõe "eu" a "tu". "Eu" é interior ao enunciado, exterior a "tu" e transcendente a este, portanto, é a única pessoa realmente subjetiva.

Disso conclui-se que, com Benveniste, a categoria de pessoa adquire outro estatuto, porque não basta defini-la em termos de presença/ausência do traço de pessoalidade, mas é necessário concebê-la em termos de subjetividade. O "eu" é pessoa subjetiva; o "tu" é apenas pessoa: "Poder-se-á, então, definir o *tu* como a pessoa não subjetiva, em face da pessoa subjetiva que *eu* representa; e essas duas 'pessoas' se oporão juntas à forma de 'não pessoa'."[9]

Isso fica bem mais claro em *A natureza dos pronomes,* em que o autor ratifica a oposição anterior. A diferença entre a pessoa e a não pessoa reside no tipo de referência que estabelecem. O par "eu/tu" pertence ao nível pragmático da linguagem, pois, definido na própria instância de discurso, refere a realidades distintas cada vez que enunciado, enquanto o "ele" pertence ao nível sintático, já que tem por função combinar-se com a referência objetiva de forma independente da instância enunciativa que a contém.

Depreende-se daí que a unicidade decorrente do uso das formas "eu/tu" é conferida pela instância de discurso, e a não unicidade de "ele" está ligada à sua independência com relação à enunciação. A dêixis, por sua vez, passa a ser entendida, na perspectiva enunciativa, como aqueles signos que, pertencentes ao paradigma do "eu", também fazem remissão à instância de discurso e só nela podem ser devidamente apreendidos. Assim concebida a noção de pessoa, percebe-se a importância de um tema complexo na obra de Benveniste, o da (inter)subjetividade.

Em "Da subjetividade na linguagem" há a afirmação do caráter constitutivo da linguagem, com a impossibilidade de estabelecer oposição entre ela e o homem, negando consequentemente o aspecto instrumental da linguagem. Segundo Benveniste, opor o homem à linguagem é opô-lo à sua própria natureza:

> Não atingimos jamais o homem reduzido a si mesmo e procurando conceber a existência do outro. É um homem falando com outro homem que encontramos no mundo, um homem falando com outro homem, e a linguagem ensina a própria definição do homem.[10]

Nesse texto, é retomada a divisão do sistema pronominal em pessoa e não pessoa, porque o sujeito, nessa concepção, é produto de um jogo de interação dado pelo uso das formas linguísticas que, pertencentes à língua, possibilitam a passagem de locutor a sujeito num processo de apropriação da língua.

O fundamento da subjetividade é dado pela categoria de pessoa presente no sistema da língua mediante determinadas formas (o pronome "eu", por exemplo). Vale lembrar, porém, que essa subjetividade é dependente da inversibilidade aludida quando do tratamento do par "eu/tu". Essa inversibilidade assegura a intersubjetividade sem a qual não faz sentido falar de categoria linguística de pessoa.

O fundamento intersubjetivo em que "Eu não emprego eu a não ser dirigindo-me a alguém, que será na minha alocução um *tu*"[11] é constitutivo da pessoa em função da inversibilidade. Assim, "a linguagem só é possível porque cada locutor se apresenta como *sujeito*, remetendo a ele mesmo como *eu* no seu discurso"[12] e ao outro como um "tu".

Gostaríamos de insistir na leitura desse texto porque, com base nele, é corrente uma interpretação psicologista da subjetividade na obra de Benveniste. Ora, isso não é possível de sustentar devido, ao menos, a algumas observações.

Benveniste é bastante claro em fazer distinção entre o que é da ordem da linguagem e o que é da ordem da língua.[13] A intersubjetividade está para a linguagem assim como a subjetividade está para a língua.

A linguagem é condição de existência do homem e como tal ela é sempre referida ao outro, ou seja, na linguagem se vê a intersubjetividade como condição da subjetividade.[14] Nesse ponto, vale repetir Benveniste em algumas passagens em que a distinção língua/linguagem é bem nítida:[15]

1º) "Tanto para o sentimento ingênuo do falante como para o linguista, *a linguagem* tem como função 'dizer alguma coisa'. O que é exatamente essa 'coisa' em vista da qual se articula *a língua*, e como é possível delimitá-la em relação *à própria linguagem*?."[16]

2º) "[...] a *linguagem* é [...] um fato humano; é, no homem, o ponto de interação da vida mental e da vida cultural e ao mesmo tempo o instrumento dessa interação. Uma outra linguística poderia estabelecer-se sobre os termos deste trinômio: *língua*, cultura, personalidade".[17]

Sobre a intersubjetividade, diz Benveniste: "[...] não atingimos jamais o homem reduzido a si mesmo e procurando conceber a existência do outro".[18] Ou ainda: "caem assim as velhas antinomias do 'eu' e do 'outro', do indivíduo e da sociedade. Dualidade que é *ilegítimo e errôneo reduzir a um só termo original* [...]".[19] E acrescenta: "é numa realidade *dialética* que englobe os dois termos e os defina pela relação mútua que se descobre o fundamento linguístico da subjetividade".[20]

A língua, para o autor, é o sistema ao qual os falantes de uma comunidade estão expostos desde sempre. Conclui-se disso que a intersubjetividade é condição da subjetividade, assim como a linguagem é condição da língua. Há aqui uma espécie de anterioridade lógica, ou seja, é porque existe intersubjetividade que se pode pensar em subjetividade. O sujeito, para se propor como tal na linguagem, tem de estar, ele mesmo, constituído pelo outro.

Enfim, não subjaz à linguística de Benveniste uma concepção idealista de sujeito porque a sua teoria da enunciação não fala do sujeito em si, mas da representação linguística que a enunciação oferece dele. Claudine Normand, em um texto que busca elucidar os termos da enunciação em Benveniste, formula uma tese surpreendente: não existe o sintagma *sujeito da enunciação* na obra deste autor, e acrescenta:

> Se nos interrogamos sobre a coincidência dessa ausência e dessa presença repetitiva em outros lugares, procurando compreender por que ele não usou essa expressão que lhe é atribuída, pode-se fazer algumas conjecturas. *Queria ele fazer uma teoria do sujeito?* Não lhes foram atribuídas *abusivamente* as interrogações que preocupavam nos anos 60, na França, aqueles que procuravam juntar a psicanálise, o marxismo e a linguística?[21]

Em resumo, quanto ao primeiro item, a intersubjetividade na linguagem, é possível dizer que Benveniste aborda a questão desde o ponto de vista linguístico sem, contudo, encerrar-se em uma visão idealista de sujeito.

O segundo eixo diz respeito à concepção de aparelho formal da enunciação. No texto "O aparelho formal da enunciação", Benveniste concebe uma oposição entre a linguística das formas e a de enunciação. À primeira caberia a descrição das regras responsáveis pela organização sintática da língua, ou seja, nela admite-se um objeto estruturado, devendo-se descrever as regras imanentes a ele. A segunda pressupõe a anterior e inclui no objeto de estudo a enunciação.

Para Benveniste, "a enunciação é este colocar em funcionamento a língua por um ato individual de utilização".[22] Com essa afirmação, separa-se ao mesmo tempo o ato – objeto de estudo da linguística da enunciação – do produto, isto é, o discurso. Esse ato é o próprio fato de o locutor relacionar-se com a língua com base em determinadas formas linguísticas da enunciação que marcam essa relação. Enunciar é transformar individualmente a língua – mera virtualidade – em discurso. A semantização da língua se dá nessa passagem. A enunciação, vista desse prisma, é produto de um ato de apropriação da língua pelo locutor, que, a partir do aparelho formal da enunciação, tem como parâmetro um locutor e um alocutário. É a alocução que instaura o outro no emprego da língua.

Esse quadro teórico dá conta do processo de referenciação como parte da enunciação, isto é, ao mobilizar a língua e dela se apropriar, o locutor estabelece relação com o mundo via discurso de um sujeito, enquanto o alocutário correfere. Conforme Benveniste, "o ato individual de apropriação da língua introduz aquele que fala em sua fala. [...] A presença do locutor em sua enunciação faz com que cada instância de discurso constitua um centro de referência interno".[23]

Muitos são os temas que ainda devem ser retomados e amadurecidos a partir desse raciocínio de Benveniste: o escopo da referência; o lugar da sintaxe e da morfologia em uma reflexão de natureza enunciativa; a problemática da dêixis,[24] o estatuto dos elementos nominais (associados ao paradigma do "ele") em teoria da enunciação, entre outras.[25] O fato é que, de qualquer prisma que se olhe, é preciso perceber que o aparelho formal da enunciação não está limitado a formas específicas, mas é integrante da língua em sua totalidade.

A partir disso, o tema que adquire estatuto central na obra de Benveniste é o da referência. Quando dissemos anteriormente que a distinção entre os níveis semiótico e semântico colocava em relevo a questão da referência – ausente no primeiro, característica do segundo –, isso não pode levar a pensar que é uma referência ao mundo ou a algum tipo de ontologia que é posta nesse raciocínio. E isso, ao menos, por um bom motivo: não há a possibilidade de se pensar uma referência objetiva em um quadro teórico estrutural como o oriundo de Ferdinand de Saussure. A concepção sistêmica de Saussure, incorporada integralmente por Benveniste, exclui qualquer relação com algo que não esteja na própria estrutura. De certa forma, podemos dizer que há incongruência quando, por exemplo, se fala que Benveniste trata, por meio da noção de nível semântico, do extralinguístico. Em uma concepção estrutural de língua, nada que não seja definido nas relações do sistema pode pertencer ao sistema, portanto, não há o "extra" em teorias que pressuponham o quadro estruturalista. Isto é um princípio.

Assim, cabe perguntar: o que querem dizer alguns leitores de Benveniste quando afirmam que ele é o primeiro autor a incluir a questão da referência nos estudos linguísticos de origem saussuriana? Evidentemente isso é uma verdade, o que é atestado pela própria apresentação que estamos fazendo de sua obra. Porém, é uma verdade muito particular: esse autor inclui a referência nos estudos linguísticos, mas é de uma referência ao sujeito e não ao mundo que se trata aqui. O aparelho formal da enunciação é uma espécie de dispositivo que as línguas têm para que possam ser enunciadas. Esse aparelho nada mais é que a marcação da subjetividade na estrutura da língua.

Nesse sentido, o aparelho formal da enunciação é fundamento estrutural de uso da língua. Justifica-se, assim, que o conceito de enunciação seja o "colocar em funcionamento a língua por um ato individual de utilização",[26] pois cada vez que o locutor se apropria do aparelho formal da enunciação – e por ele se apropria da língua toda – produz um uso novo e como tal irrepetível. Essa irrepetibilidade deve-se ao fato de que jamais tempo, espaço e pessoa – categorias fundamentais em enunciação – podem ser perenizadas no uso da língua. E isso é Benveniste mesmo que explica, pois "a referência é parte integrante da enunciação".[27] A clareza é total: referência à enunciação – ato individual de utilização da língua no qual estão tempo/espaço/pessoa – e não ao mundo.

Portanto, não devem causar estranheza as frases utilizadas para definir o nível semântico, quando Benveniste afirma que "[...] é necessário introduzir aqui um termo a que foi desnecessário apelar na análise semiótica: aquele do 'referente', independente do sentido, e que é objeto particular a que a palavra corresponde no caso concreto da circunstância de uso";[28] ou ainda "a língua se acha empregada para a expressão de uma certa relação com o mundo".[29]

Ora, é evidente que ao falarmos estabelecemos *uma certa relação com o mundo*, mas mediada, na opinião de Benveniste, pelo sujeito. Não é uma relação qualquer, ela é, pois, dependente da enunciação. Se assim não fosse, teríamos de admitir que a língua é uma nomenclatura superposta à realidade. Contrariamente a isso, o uso da língua é sempre instaurador de sentidos novos. Como diz o autor, o referente é o objeto particular a que a palavra corresponde no caso concreto da circunstância de uso.[30]

Além disso, Benveniste utiliza a noção de referência para estabelecer o valor semântico daquilo que chama de frase – que poderia ser também chamada de *enunciado* – e, a respeito disso, diz ele: "se o 'sentido' da frase é a ideia que ela exprime, a 'referência' da frase é o estado de coisas que a provoca, a situação de discurso ou de fato a que ela se reporta e que *nós não podemos jamais prever ou fixar*".[31] Em outras palavras, se não podemos prever ou fixar a referência da frase é porque esta é sempre única a cada instância de discurso. Essas explicações de Benveniste se distribuem em toda a sua obra; já em 1956, em "A natureza dos pronomes", ele anunciava: "Qual é, portanto, a 'realidade' a qual se refere *eu* ou *tu*? Unicamente uma 'realidade de discurso'".[32] Ou ainda, em 1969, em "Semiologia da língua": "o semântico toma necessariamente a seu encargo o *conjunto dos referentes*, enquanto o semiótico é, por princípio, separado e independe de toda a referência. A ordem semântica identifica-se ao *mundo da enunciação e ao universo de discurso*".[33]

Enfim, as imprecisões que muitas interpretações da obra de Benveniste têm mostrado são decorrentes do próprio uso que o autor faz de alguns termos. Claudine Normand[34] chama essa imprecisão terminológica de *bricolagem teórica,* considerando-a uma das principais dificuldades para ler os textos de desse autor.[35] Quanto à questão da referência, a autora parece ter a mesma compreensão que temos. Em *Émile Benveniste: quelle sémantique?* (1996), ela afirma que a vontade de ultrapassar a linguística das unidades em direção a uma linguística da frase ou do discurso obriga-o a introduzir a questão da referência ligada à da enunciação. Para a autora, em *O aparelho formal da enunciação*, Beneviste estende o papel da enunciação a toda a língua, incluindo os não indicadores de pessoa, ou seja, os termos de estatuto estável, pleno e permanente na língua. Soma-se a esses, acreditamos, a própria sintaxe que não poderia ser estudada, dentro do quadro benvenistiano, sem referência à enunciação.

Diretamente ligada à questão da referência é a noção de dêixis. Esse tema é bastante polêmico nos estudos da enunciação e, em especial, na teoria de Benveniste. Michel Lahud (1979) está entre os que melhor estudam a problemática no Brasil. Segundo ele, ao conceber sua teoria em conformidade com os princípios saussurianos, exclui qualquer possibilidade de se pensar a dêixis como um fenômeno de referência ao "mundo dos objetos".[36] É importante salientar que o conceito de signo mobilizado por Benveniste é aquele presente na vertente saussuriana dos estudos linguísticos, ou seja, o signo como entidade de dupla face constituída por um significante e um significado. O signo na teoria de Saussure é concebido no interior do sistema do qual é constituinte e no qual é constituído independentemente da referência ao mundo.

A seguir, propomos uma leitura das noções de dêixis e de referência na obra de Benveniste, considerando sua evolução em alguns textos-chave do pensamento do autor.

Em "A natureza dos pronomes", ele considera que a diferença entre pessoa e não pessoa reside no tipo de referência estabelecida. Os pronomes "eu/tu" pertencem ao nível pragmático da linguagem, pois, definidos na própria instância de discurso, referem a uma realidade distinta a cada vez que são enunciados. Segundo ele, "*eu* é o indivíduo que enuncia a presente instância de discurso que contém a instância linguística *eu*".[37] O "ele" pertence ao nível sintático, já que tem por função combinar-se com uma referência objetiva de forma independente da instância enunciativa que a contém. A diferença é, portanto, de natureza e de função. As propriedades da não pessoa são:

> [...] 1° de se combinar com qualquer referência de objeto; 2° de não ser jamais reflexiva da instância de discurso; 3° de comportar um número às vezes bastante grande de variantes pronominais ou demonstrativas; 4° de não ser compatível com o paradigma dos termos referenciais como aqui, agora, etc.[38]

Benveniste, nesse momento, separa os signos pertencentes à sintaxe da língua daqueles que são relativos à instância de discurso. Quanto a esses últimos, assinala que têm existência linguística apenas quando são usados. "A forma *eu* só tem existência linguística no ato de palavras que a profere".[39] Assim, a função desses signos é a de promover a comunicação intersubjetiva. Com base nesse raciocínio, poderíamos dizer que a dêixis se liga à categoria de pessoa, ou seja, ao paradigma do "eu/tu", enquanto os elementos não dêiticos se ligam à não pessoa, ou seja, ao paradigma do "ele". Com a separação entre os "indicadores autorreferenciais" – do paradigma do "eu" – e os chamados de "terceira pessoa", há dois tipos de referência que remetem a direções distintas que podem ser esquematizadas da seguinte forma:

Eu/tu – categoria de pessoa – referência dêitica.

Ele – categoria de não pessoa – referência não dêitica.

Se no texto de 1956, "A natureza dos pronomes", Benveniste separa os signos pertencentes à sintaxe da língua daqueles que são relativos às instâncias do discurso, em "Da subjetividade na linguagem", de 1958, a distinção é entre categorias da língua e categorias do discurso. O que se percebe aqui é também uma dupla referenciação: a objetiva que contempla os signos "plenos" – do paradigma do "ele" – e a subjetiva que contempla os signos "vazios" autorreferenciais – do paradigma do "eu/tu". Há um acréscimo, porém: ao opor o "eu/tu" ao "ele", o autor opõe a esfera subjetiva da língua à esfera objetiva. Nesse caso, então, teríamos: esfera subjetiva da língua e categoria de pessoa, de um lado, e esfera objetiva e categoria de não pessoa, do outro. Mas o que esses termos significam nesse contexto teórico?

A categoria de pessoa, como vimos, é o fundamento linguístico da intersubjetividade e a sua referência é ao "eu". Nesse sentido, Benveniste formula o conceito de dêixis de uma forma bastante diferente, se comparada às teorias lógicas e filosóficas que se dedicaram ao tema. Para ele, o mecanismo da dêixis está marcado na língua e é colocado em funcionamento cada vez que um sujeito a enuncia. Assim, os dêiticos, embora possuam um lugar na língua, são categorias vazias e subjetivas porque, sendo signos concretos, somente adquirem estatuto pleno na e pela enunciação de "eu".

A esfera não subjetiva ou objetiva da língua também tem estatuto linguístico, mas, nesse caso, de não pessoa. O fato de Benveniste considerar que esses signos relacionam-se a uma realidade objetiva não autoriza a ver aí uma realidade ontológica, mas uma referência à própria língua.

No entanto, a dupla referenciação (subjetiva e objetiva) parece se desfazer nos últimos textos de Benveniste. O autor esboça outra alternativa para tratar do mecanismo da dêixis. Em "O aparelho formal da enunciação", de 1970, o sistema de referenciação é visto como um elemento constitutivo da língua, ou seja, a referência é um termo integrante da língua na sua totalidade, o qual é agenciado pelo sujeito e deste depende para ter sentido. Assim, o centro de referência passa a ser apenas um: o sujeito e sua enunciação. Diz ele:

> [...] na enunciação, a língua se acha empregada para a expressão de uma certa relação com o mundo. A condição mesma dessa mobilização e dessa apropriação da língua é, para o locutor, a necessidade de referir discurso, e, para o outro, a possibilidade de correferir identicamente, no consenso pragmático que faz de cada locutor um colocutor. A referência é parte integrante da enunciação.[40]

Acrescenta ainda Benveniste que todo o mecanismo da referência é regido pelo processo da enunciação entendida como o "colocar em funcionamento a língua por um ato individual de utilização".[41] Esse ato de uso da língua é constitutivo da enunciação e "[...] faz com que cada instância de discurso constitua um centro de referência interno".[42]

Ora, esse mecanismo único de referência já estava previsto em Benveniste no texto de 1958, "Da subjetividade na linguagem", quando ele diz o seguinte:

> É preciso ter no espírito que a "terceira pessoa" é a forma do paradigma verbal (ou pronominal) que não remete a nenhuma pessoa, porque se refere a um objeto colocado fora da alocução. Entretanto existe e só se caracteriza por oposição à pessoa *eu* do locutor que, enunciando-a, a situa como "não pessoa". Esse é seu *status*. A forma ele [...] tira o seu valor do fato de que faz necessariamente parte de um discurso enunciado por "eu".[43]

A partir disso, podemos formular uma observação: Benveniste acaba propondo, em especial no texto de 1970, um mecanismo de referenciação único, qual seja, o sujeito e a sua enunciação. Com isso, tanto os signos plenos como os vazios estão submetidos ao centro enunciativo do discurso. Quanto à dêixis, diz Benveniste:

> As formas denominadas tradicionalmente "pronomes pessoais", "demonstrativos", aparecem agora como uma classe de "indivíduos linguísticos" de formas que enviam sempre somente a "indivíduos", quer se trate de pessoas, de momentos, de lugares, por oposição aos termos nominais, que enviam sempre e somente a conceitos. Ora, o estatuto destes 'indivíduos linguísticos' se deve ao fato de que eles nascem de uma enunciação, de que são produzidos por este acontecimento individual [...]. Eles são engendrados de novo cada vez que uma enunciação é proferida, e cada vez eles designam algo novo.[44]

Observe-se que, nesse trecho, Benveniste admite a existência de "termos nominais" que enviam sempre a "conceitos" como integrantes da língua. Isso corrobora o que dissemos anteriormente sobre o caráter linguístico da esfera não subjetiva da língua.

Enfim, se toda a língua passa a ser regida por um mecanismo único de referenciação que especificidade teriam os dêiticos em relação aos elementos não dêiticos da língua? Em "O aparelho formal da enunciação", diz Benveniste:

O ato individual pelo qual se utiliza a língua introduz em primeiro lugar o locutor como parâmetro nas condições necessárias da enunciação. Antes da enunciação, a língua não é senão possibilidade de língua. Depois da enunciação, a língua é efetuada em uma instância de discurso, que emana de um locutor, forma sonora que atinge e que suscita uma outra enunciação de retorno.[45]

Mesmo que nesse artigo o autor fale explicitamente do "eu/tu" e do "ele", a língua parece estar relacionada, como totalidade, ao "eu". Um exemplo dessa centralidade do "eu" é o que Benveniste afirma sobre a asserção – enunciados que contêm a forma "ele": "Em seu rodeio sintático, como em sua entonação, a asserção visa a comunicar uma certeza, ela é a manifestação mais comum da presença do locutor na enunciação".[46]

Podemos, a partir disso, concluir que o fato de a língua estar integralmente ligada à referência e ao "eu" não significa que a dêixis não tenha um mecanismo que lhe é próprio, qual seja, a característica de somente adquirir sentido no uso feito pelo "eu". Assim, poderíamos dizer que, em um sentido amplo, para Benveniste, toda a língua é dêitica, na medida em que precisa ser referida a quem a enuncia para ter sentido. A dêixis nesse autor não é o mecanismo de referência ao mundo, mas ao sujeito. Assim, todos os elementos da língua precisariam ser analisados na instância de discurso que contém "eu", o que, convenhamos, amplia significativamente o escopo da teoria.

É o conceito de enunciação que instaura um nível que não se reduz nem à língua nem à fala, mas que constitui ambas. A enunciação é o ato de tornar fala a língua. Benveniste procurou esboçar um quadro formal dos caracteres enunciativos "no interior da língua", sendo os dêiticos também dela constitutivos; no entanto, é bom lembrar, antes de definir o lugar exato que cabe a essas partículas na língua, que ele havia chamado a atenção para o fato de que empregar a língua não é o mesmo que concebê-la como um sistema. *O aparelho formal da enunciação* apaga as fronteiras entre língua e fala, visto que os elementos que o constituem pertencem, concomitantemente, aos dois níveis. Esse apagamento tem uma consequência: o mecanismo da referência é único e tem estatuto enunciativo.

Notas

[1] Em agosto de 2004, ocorreu em Porto Alegre o 1º colóquio *Leituras de Émile Benveniste,* cujas atas encontram-se reunidas no n. 138 da revista *Letras de Hoje*. Consta da publicação uma série de artigos apresentados e discutidos por ocasião do colóquio que testemunham a atualidade do pensamento do autor nas mais diferentes intersecções.

[2] L. Hjelmslev, Prolegômenos: a uma teoria da linguagem, Rio de Janeiro, Perspectiva, 1975.

[3] Sobre Benveniste, vale ainda lembrar o depoimento de Merquior: "Benveniste era um mestre extremamente culto que escondia sua enorme erudição sob uma modéstia exemplarmente discreta. Digno aluno do maior discípulo de Saussure, Antoine Meillet, morreu pobre, respeitado por seus colegas, mas totalmente esquecido pela fama um tanto ou quanto exagerada desfrutada pelos gurus estruturalistas (ainda me lembro como calávamos, reverentes, ao passar pela porta de sua sala no caminho para o concorrido seminário de Lévi-Strauss no Collège de France)" (De Praga a Paris: o surgimento, a mudança, a dissolução da ideia estruturalista, Rio de Janeiro, Nova Fronteira, 1991, p. 27).

[4] Não se pode deixar de registrar que Benveniste é um linguista que mantém fortes laços com outras áreas, como a Filosofia analítica, a Psicanálise, a Sociologia, a Antropologia, entre outras. A esse respeito vale lembrar os textos *Observações sobre a função da linguagem na descoberta freudiana* (1956) e *Estrutura da língua estrutura da sociedade* (1968).

[5] Isso não quer dizer que Benveniste deixe de ampliar muitas das ideias estruturalistas ou até mesmo de subvertê-las. Normand (1996) considera-o um continuador de Saussure ao mesmo tempo em que, com a inclusão das questões de subjetividade, tenta ultrapassá-lo.

[6] Serão referidas, neste momento, as datas originais dos textos para que o leitor possa visualizar uma cronologia da obra de Benveniste, no entanto, sempre que se fizer alguma citação será das publicações brasileiras.

[7] A seguir, trataremos com mais especificidade da noção de referência na obra de Benveniste.

[8] Resta ainda acrescentar que os termos "frase" e "palavra", em uma perfeita confirmação das reflexões do autor, adquirem, nesse contexto, o sentido amplo de "discurso" ou de "língua em ação" e não o sentido canônico dado pelas teorias do léxico ou da sintaxe.

[9] É. Benveniste, Problemas de linguística geral I, Campinas, Pontes, 1988, p. 255 [grifos do autor].

[10] Idem, p. 285.

[11] Idem, p. 286 [grifos do autor].

[12] Idem, ibidem [grifos do autor].

[13] Essa diferença aparece em vários momentos da obra do autor, entre os quais citaremos, aqui, apenas um a título de ilustração. Em "A natureza dos pronomes", diz ele: "a universalidade dessas formas e dessas noções faz pensar que o problema dos pronomes é ao mesmo tempo *um problema de linguagem e um problema de línguas*, ou melhor, que só *é um problema de línguas* por ser, em primeiro lugar, *um problema de linguagem*" (idem, p. 277) [grifos nossos].

[14] Em Flores (2004), encontra-se o argumento para defender um kantianismo em Benveniste. "[...] o kantianismo aparece em Benveniste precisamente no momento em que há a recusa do em si. O sujeito não é uma coisa. Independentemente do lado que se olhe, ele é uma condição formal para que o homem exista. Mas, para que exista como linguagem, porque opor o homem à linguagem é opô-lo a sua própria natureza. O sujeito é linguagem, e a intersubjetividade é a sua condição. Eis o *a priori* radical de Benveniste" (p. 221).

[15] Os destaques são nossos.

[16] Idem, p. 8.

[17] Idem, p. 17.

[18] Idem, p. 285 [grifos nossos].

[19] Idem, p. 287 [grifos nossos].

[20] Idem, ibidem [grifos nossos].

[21] C. Normand, Os termos da enunciação em Benveniste, em S. L. Oliveira; E. M. Parlato (org.), O falar da linguagem, São Paulo, Louise, 1996, p. 145.

[22] É. Benveniste, Problemas de linguística geral II, Campinas, Pontes, 1989, p. 82.

[23] Idem, p. 84.

[24] Cf. V. Flores; S. Silva, "Aspecto verbal: uma perspectiva enunciativa do uso da categoria no português do Brasil", em Letras de hoje, Porto Alegre, Edipucrs, 2000.

[25] Gostaríamos de registrar que não achamos adequado tratar da enunciação, em Benveniste, apenas nos textos especificamente a ela dedicados, pois acreditamos que esse seja um eixo de articulação de toda a obra do autor. Lembremos os estudos sintáticos, lexicais, históricos, bem como aqueles ligados a outras áreas como a psicanálise e a filosofia da linguagem que integram a bibliografia benvenistiana. Defendemos a ideia de que Benveniste nunca perdeu de vista o princípio de que não se pode conceber a linguagem em separado do homem. Opô-lo à linguagem é opô-lo a sua própria natureza, como ele mesmo diria. É verdade que a denominação de *linguista da enunciação* é bastante adequada a esse autor, porém é injusta quando aqueles que a empregam esquecem a grande parte de sua obra dedicada aos estudos comparativistas, sintáticos e culturais, apenas para citar estes. Parece-nos oportuno esse registro já que, há alguns anos, fomos brindados com a publicação brasileira do *Vocabulário das instituições indo-europeias* e sua referência ainda é rara na literatura da área (cf. Flores, 2004).

[26] Benveniste, op. cit. p. 82.

[27] Idem, p. 84.

[28] Idem, p. 231.

[29] Idem, p. 84.

[30] Como bem analisa Lichtenberg (2001), em determinadas circunstâncias de uso, um pronome indefinido pode não estar indefinindo e, sim, produzindo outros efeitos na enunciação.

[31] Benveniste, op. cit. p. 231 [grifo nosso].

[32] Idem, p. 278.

[33] Idem, p. 66 [grifos nossos].

[34] Normand, op. cit. p. 143-4.

[35] Diz ela: "[...] o que se vê elaborando-se nos textos é uma espécie de constelação reunindo: termos da tradição gramatical [...] termos não teóricos [...] termos teóricos [...]" (p. 145).

[36] Diz Lahud (1979): "é pois uma noção de 'dêixis' bem diferente à qual nos conduzem as definições 'pós-saussurianas' dos dêiticos; 'pós-saussurianos' no seguinte sentido: elas se situam no terreno traçado por Saussure, mas dilatando do interior certos limites impostos por sua concepção de língua. Em outros termos, enquanto a noção 'lógica' de dêixis se coloca, de imediato, fora do saussurianismo, isto é, se aloja nesse espaço onde a linguagem e o mundo das coisas entram em comunicação, a noção, digamos, 'linguística' de dêixis se constitui ali onde o fechamento da língua em relação aos *objetos* tem valor de princípio: o que ela contesta é esse fechamento da língua ao *sujeito*, na medida em que justamente, desse 'ponto de vista', os dêiticos provam que o sujeito está na *língua* [...]" (p. 124).

[37] É. Benveniste, op. cit., 1988, p. 279.

[38] Idem, p. 283.

[39] Idem, p. 279.

[40] É. Benveniste, op. cit., 1989, p. 84.

[41] Idem, p. 82.

[42] Idem, p. 84.

[43] Idem, p. 292.

[44] Idem, p. 85.

[45] Idem, p. 83-4.

[46] Idem, p. 86.

O dialogismo: Mikhail Bakhtin

Pode soar estranha a presença de Mikhail Bakhtin neste livro, já que, na introdução, delimitamos a escolha dos autores àqueles que têm relação com o pensamento saussuriano. Como sabemos, alguns princípios estruturalistas são objeto de inúmeras e contundentes críticas, especialmente em textos escritos a partir de 1925/1926, quando se pode falar de uma "virada linguística" nos debates dos intelectuais que integram o chamado Círculo de Bakhtin.[1] No entanto, mesmo que efetivamente haja oposição marcada à linguística saussuriana, as ideias do Círculo sobre a linguagem trazem elementos que, de algum modo, contribuem para o estabelecimento de um pensamento sobre a enunciação, antecipando o estabelecimento de uma linguística da enunciação que, além de contemplar a questão da intersubjetividade no âmbito dos estudos da linguagem, contém a indicação de um modelo de análise, na qual forma e uso articulam-se no processo de constituição de sentidos no discurso.[2]

Nosso objetivo neste capítulo é, precisamente, assinalar que as ideias de Bakhtin (Voloshinov) sobre a linguagem anunciam a fundação de uma linguística que promoverá a enunciação como centro de referência do sentido dos fenômenos linguísticos, vendo-a como evento, sempre renovado, pelo qual o locutor se institui na interação viva com vozes sociais.

As obras analisadas aqui são: *Marxismo e filosofia da linguagem* (1981);[3] *Problemas da poética de Dostoiévski* (1997);[4] *Gêneros do discurso* (1992);[5] *O problema do texto* (1992)[6] e *O discurso no romance* (1993).[7]

Apresentar a teoria enunciativa de Bakhtin não é uma tarefa fácil e isso devido a alguns fatores que não podem ser minimizados, quais sejam, a amplitude de suas ideias, a discussão em torno da autoria de textos assinados com nomes de outros integrantes do Círculo, o desconhecimento que ainda se percebe da totalidade de seu pensamento e da diversidade de objetos de reflexão do autor. Atualmente um grande número de publicações tem, de diferentes formas, recorrido a Bakhtin para tentar a validação de hipóteses extremamente díspares entre si. É possível encontrar as ideias bakhtinianas desde em trabalhos de semiótica[8] dedicados ao estudo do cinema até em estudos sobre literatura cuja ênfase recai em questões estéticas dos textos literários.[9] Se, por um lado, essa diversidade sinaliza para uma diferença radical de abordagens, por outro, indica uma postura relativamente compartilhada diante da obra do autor: a de que o princípio do dialogismo subjaz a todas as utilizações que se faz da teoria.

Conforme Martins (1990), a comunicação, entendida como uma relação de alteridade, em que o "eu" se constitui pelo reconhecimento do "tu", isto é, em que o reconhecimento de si se dá pelo reconhecimento do outro, "[Bakhtin] fundamenta sua investigação em quase todas as áreas em que desenvolve alguma reflexão: teoria do conhecimento, teoria e história do romance, filosofia da linguagem, etc."[10] No entendimento de Martins, a cada uma dessas áreas corresponderia respectivamente uma reflexão: a teoria do conhecimento seria contemplada pela noção de intertextualidade; a teoria do romance, pelo conceito de polifonia e a filosofia da linguagem, pelo estudo da enunciação. Centralizamos a atenção no último ponto, começando por focalizar a relação do Círculo com a linguística.

É comum encontrarmos, entre os leitores de Bakhtin, alguma discordância no que diz respeito à avaliação da posição do autor sobre a linguística. Há quem veja um antissaussurianismo radical em suas colocações; outros, ao contrário, entendem que Bakhtin não recusa a ideia de que a língua tem uma dimensão abstrata, ainda que não encerre a análise linguística na imanência da forma. Há também os que apontam problemas de coesão interna na posição de Bakhtin em relação à noção saussuriana de *língua*, ora recusando sua pertinência no processo de constituição do sentido, ora admitindo-a.

Para melhor situar essa diversidade de opiniões é necessária uma referência à discussão existente em torno da autoria dos textos assinados por Bakhtin/Voloshinov: *Freudismo*, de 1927,[11] *Marxismo e filosofia da linguagem*, de 1929.[12] A questão é polêmica. Clark e Holquist (1998) argumentam na defesa de que *Marxismo e filosofia da linguagem* (MFL) deve ser atribuído a Bakhtin;[13] Morson e Emerson (1989) contestam essa posição, apresentando evidências para que se reconheça, no mínimo, uma coautoria nas obras assinadas por Bakhtin e Voloshinov (e também por Bakhtin e Medvedev).

A respeito dessa discussão, Faraco (2003) assinala a existência de três posições:

- aqueles que só reconhecem como da autoria de Bakhtin os textos publicados sob seu nome ou encontrados em seus arquivos;
- aqueles que atribuem a Bakhtin a autoria de todos os textos considerados em disputa;
- aqueles que defendem que Bakhtin, de fato, escreveu textos em parceria com Voloshinov e com Medvedev.[14]

Não é nosso propósito tomar partido nesse debate; apenas destacamos que há concepções linguísticas bastante diferenciadas entre si, conforme o trabalho do autor que esteja em análise. Mais especificamente, em MFL, assinado por Bakhtin (Voloshinov), e em *Problemas da poética de Dostoiévski* (PPD) e *Estética da criação verbal* (ECV), assinados somente por Bakhtin, encontramos posicionamentos diferentes em relação à linguística saussuriana.[15] Acreditamos que o exame dessas diferentes posições possa trazer à tona a teoria enunciativa do Círculo de Bakhtin. Iniciemos por MFL.

A reflexão com que Bakhtin (Voloshinov) inicia a segunda parte de MFL assemelha-se a que motivou Saussure a empreender seus cursos de linguística geral: o problema da delimitação de fronteiras do objeto. Saussure quer definir o objeto da ciência linguística, empenhando-se em distingui-lo do de outras ciências que também se ocupam da linguagem. Já Bakhtin (Voloshinov) busca o "objeto real" do que ele chama de filosofia da linguagem. No capítulo 4, ele levanta questões que ainda hoje são cruciais para a linguística: qual o verdadeiro núcleo da realidade linguística, o ato individual da fala ou o sistema da língua? Qual o modo de existência da realidade linguística, a evolução criadora ininterrupta ou a imutabilidade de normas idênticas a si mesmas?[16]

Para respondê-las, parte do exame de duas orientações do pensamento linguístico-filosófico por ele denominadas de subjetivismo idealista e objetivismo abstrato. Ambas as orientações são submetidas a uma análise crítica em profundidade nos capítulos 5 e 6. A orientação denominada de *objetivismo abstrato* refere-se a Saussure e receberá, aqui, maior atenção, pois a teoria da enunciação comumente atribuída ao Círculo é vista como um produto da crítica feita a essa postura teórica.

Segundo Bakhtin (Voloshinov), ao objetivismo abstrato interessa o sistema de regularidades fonéticas, gramaticais e lexicais que tem a função de garantir a unidade da língua. Esse objetivismo somente admite o ato individual de criação quando ligado a um sistema linguístico imutável, em um dado momento histórico, e supraindividual. As leis desse sistema obedecem ao princípio da imanência. Existe, pois, "um fosso que separa a história do sistema linguístico [...] da abordagem não histórica, sincrônica".[17] Trata-se de uma noção de língua que considera a convencionalidade e a arbitrariedade do sistema linguístico sem referência do signo à realidade ou ao indivíduo. O que interessa é a relação entre os signos, dentro do sistema do qual se deve explicar a lógica interna.

No decorrer do livro, Bakhtin (Voloshinov) critica aquilo que chama de sistema de normas imutáveis. O objetivismo abstrato, ao afirmar que o sistema linguístico constitui um fato externo à consciência individual, também afirma que é para a consciência individual que faz sentido falar de sistema de regras imutáveis. Entretanto, para o autor, "se fizermos abstração da consciência individual subjetiva e lançarmos um olhar verdadeiramente objetivo [...] não encontraremos nenhum indício de um sistema de normas imutáveis".[18] Na verdade, Bakhtin (Voloshinov) está criticando a concepção sincrônica de estudo da língua, negando-se a admitir um momento de descrição atemporal: "o sistema sincrônico da língua só existe do ponto de vista da consciência subjetiva do locutor de uma dada comunidade linguística em um dado momento da história".[19] Na sua perspectiva, o objetivismo abstrato não percebe essa relação entre o sistema e a consciência individual, tendendo a afirmar a realidade e a objetividade imediatas da língua como sistema de formas normativas.

Bakhtin (Voloshinov) vai mais longe em sua crítica ao acrescentar que a consciência subjetiva do locutor não se utiliza desse sistema, que de fato "é uma mera abstração, produzida com dificuldade por procedimentos cognitivos bem determinados".[20] A proposta do filósofo é ver a língua imersa na realidade enunciativa concreta, servindo aos propósitos comunicacionais do locutor. Para ele, não importa a forma linguística invariável, mas sua função em um dado contexto.

Essa concepção conduz Bakhtin (Voloshinov) a uma direção oposta da identificada no objetivismo abstrato. A palavra (termo equivalente, algumas vezes, à linguagem no contexto bakhtiniano) em estado de dicionário não é uma realidade da qual o falante se vale para os seus propósitos comunicacionais. "Na realidade, não são palavras o que pronunciamos ou escutamos, mas verdades ou mentiras, coisas boas ou más, importantes ou triviais, agradáveis ou desagradáveis, etc."[21] Assim, toda a enunciação está impregnada de conteúdo ideológico e a separação, mesmo que apenas no plano teórico, entre a língua e o conteúdo ideológico não se justifica, visto que não encontra base teórica e empírica precisa.

O autor quer chamar a atenção para o que ele considera um dos grandes equívocos do objetivismo abstrato, isto é, a crença de que é possível estudar a língua levando em conta métodos e categorias que não contemplam a atividade dialógica.

Basicamente, Bakhtin (Voloshinov):

- critica a ideia de língua como "sistema de normas imutáveis e incontestáveis", que privilegia a descrição formal, estática e normativa de enunciações monológicas, em detrimento do "contexto de enunciações precisas";
- nega a possibilidade de construir um sistema sincrônico desligado da evolução da língua, uma vez que, a seu ver, ela está sempre em transformação;
- contesta a concepção de compreensão como ato passivo que exclui previamente e por princípio qualquer réplica ativa.

Ao criticar o privilégio da descrição formal, estática e normativa em detrimento do mutável; a desvinculação da palavra do contexto histórico real de utilização; o estudo das enunciações monológicas isoladas de maneira imanente e a descrição sincrônica desligada da evolução da língua, Bakhtin (Voloshinov) mostra sua concepção de enunciação como produto da interação de dois indivíduos socialmente organizados, mesmo que o interlocutor seja uma virtualidade representativa da comunidade na qual está inserido o locutor, e propõe, dessa forma, a ideia de interação verbal realizada por meio da enunciação. A unidade fundamental da língua passa, assim, a ser o diálogo, entendido não somente no sentido aritmético do termo, mas como toda a comunicação verbal, independentemente do tipo.

Alguns leitores de *MFL*[22] têm apontado que a posição de Bakhtin (Voloshinov) em relação ao lugar da forma no estudo da linguagem não se mantém coesa ao longo da obra. De fato, há momentos em que ele desconsidera a língua no processo de constituição do sentido, remetido por ele ao contexto, como se pode observar nas afirmações abaixo:

> [...] o sentido das palavras é totalmente determinado por seu contexto.[23]

> [...] a língua, como sistema de formas que remetem a uma norma, não passa de uma abstração, que só pode ser demonstrada no plano teórico e prático do ponto de vista do deciframento de uma língua morta e do seu ensino.[24, 25]

No entanto, em outros momentos, Bakhtin (Voloshinov) inclui as formas linguísticas como parte inalienável do enunciado, deixando entrever a ideia de inseparabilidade entre forma e sentido no estudo da linguagem. É o que ocorre na concepção de dois níveis de significação dialeticamente articulados: tema/significação (capítulo 7 de *MFL*).

O tema é *o* "sentido da enunciação completa",[26] sendo único, individual, não reiterável: "ele se apresenta como a expressão de uma situação histórica concreta que deu origem à enunciação".[27] Para se contemplar o tema, não basta a análise morfológica ou sintática, é preciso também a dos elementos verbais da situação.

Já a significação é um aparato técnico para a realização do tema, constituída de "elementos da enunciação que são reiteráveis e idênticos cada vez que são repetidos".[28] Os elementos que entram em sua constituição são abstratos, convencionalmente definidos e sem existência concreta.

O reconhecimento da perspectiva formal como parte do sentido da enunciação está mais visível no capítulo 7, porém já aparece anunciada anteriormente, como, por exemplo, na passagem retirada do capítulo 5 que transcrevemos abaixo:

> Na realidade, o locutor serve-se da língua para suas necessidades enunciativas concretas (para o locutor, a construção da língua está orientada no sentido da enunciação da fala). Trata-se, para ele, de utilizar as formas normativas (admitamos, por enquanto, a legitimidades destas) num dado contexto concreto. Para ele, o centro de gravidade da língua não reside na conformidade à norma da forma utilizada, mas na *nova significação que essa forma adquire no contexto*. O que importa não é o aspecto da forma linguística que,

> em qualquer caso em que esta é utilizada, permanece sempre idêntico. Não: para o locutor o que importa é aquilo que permite que a forma linguística figure num dado contexto, aquilo que a torna um signo adequado às condições de uma situação concreta dada.[29]

Nessa afirmação, o componente abstrato da língua não é negado, pois aí está pressuposto que o estudo das formas linguísticas como tais só é possível no interior de uma teoria da enunciação.[30] Podemos afirmar que o aspecto efetivamente criticado, no objetivismo abstrato, é a própria dicotomia língua/ e/fala. Quando Bakhtin (Voloshinov) afirma o que "falta à linguística contemporânea é uma abordagem da enunciação em si"[31] que ultrapasse a segmentação em constituintes imediatos, está anunciando uma linguística cujo objeto não é nem a língua nem a fala, mas a enunciação, evento de passagem do *sinal* ao *signo*,[32] mediante o qual se dá a semantização da língua.

Como bem observa Faraco (2003),[33] Bakhtin (Voloshinov) não propõe a criação de uma segunda ciência para tratar do que a linguística não trata.[34] Sua teoria semântica repousa sobre uma tensão permanente entre o tema e a significação de uma enunciação; ela se configura como o lugar de uma contradição dinâmica entre o aspecto imutável do signo linguístico e seu aspecto mutável e dependente da situação de enunciação; entre o significado estável de uma enunciação e seu tema móvel e único; entre os diferentes "acentos" sociais do mesmo signo linguístico. A segunda posição de Bakhtin (Voloshinov), em *MFL*, sobre a relação do aspecto formal da língua e seu uso deixa entrever, então, uma semântica que comporta duas dimensões em estreita correlação: o sentido dado pela estrutura (reiterável e sempre igual) e o sentido dado pela enunciação (sempre mutável e adaptável).

A intersubjetividade está contemplada na semântica proposta por Bakhtin (Voloshinov) quando a distinção entre tema e significação é relacionada ao problema da compreensão. Já vimos que ele recusa a compreensão passiva, por entender que "qualquer tipo genuíno de compreensão [...] deve conter já o germe de uma resposta".[35] A compreensão é tomada como uma forma de diálogo, o que implica o reconhecimento da interação do locutor e do receptor no processo de instituição do sentido. A afirmação de que "só a corrente da comunicação verbal fornece à palavra a luz de sua significação"[36] deixa ver que, em *MFL*, a matéria linguística adquire significação em um processo ativo e responsivo, isto é, intersubjetivo.

A presença da intersubjetividade na teoria semântica proposta em *MFL* ganha contornos ainda mais ricos pelo reconhecimento de que, além de tema e significação, a palavra tem acento apreciativo ou de valor. O acento apreciativo é transmitido por meio da entoação expressiva, que diz respeito à relação individual entre o locutor e o objeto do discurso.

> Por causa da construção de um sistema linguístico abstrato, os linguistas chegaram a separar o apreciativo do significativo, e a considerar o apreciativo como um elemento marginal da significação, como a expressão de uma relação individual entre o locutor e o objeto de seu discurso.[37]

Formulações como essa mostram que Bakhtin (Voloshinov) integra o acento apreciativo ao sentido, ou seja, vê a orientação apreciativa como constitutiva da enunciação. Está pressuposta aí a concepção de que o sujeito semantiza a língua no evento enunciativo. É preciso dizer que o sujeito é aí concebido na interação com o outro,[38] sendo atribuído a ele papel criativo no processo de composição do sentido, podendo, por sua entoação expressiva, desestabilizar as redes instituídas. Desse modo, o sistema teórico proposto em *MFL* acolhe o singular e o efêmero, aquilo que a racionalidade científica hegemônica abstrai.[39] A afirmação que encerra o capítulo 7 corrobora essa interpretação:

> Nada pode permanecer estável nesse processo. É por isso que a significação, elemento abstrato igual a si mesmo, é absorvida pelo tema, e dilacerada por suas contradições vivas, para retornar enfim sob a forma de uma nova significação com uma estabilidade e uma identidade igualmente provisórias.[40]

Além de teoricamente propor que o estudo da língua como tal só é produtivo no interior de uma teoria da enunciação, Bakhtin (Voloshinov) indica como articular de forma metodológica, na análise de fenômenos de linguagem, a questão linguística propriamente dita a dados da enunciação concreta, em que o outro é concebido como "lei constitutiva do tecido de todo discurso".[41] Isso ocorre na terceira parte de *MFL*, em que Bakhtin (Voloshinov) faz uma espécie de demonstração de como se operacionaliza sua teoria semântica, aplicando o que ele chama de "método sociológico" a mecanismos sintáticos.

Se nossa interpretação for válida, o método sociológico de Bakhtin (Voloshinov) integra os elementos abstratos da língua à estrutura da enunciação viva, entendida como espaço de diálogo entre acentos apreciativos. Ao propor um estudo do discurso citado (discurso direto, discurso indireto, discurso indireto livre), tradicionalmente descrito como um problema de sintaxe, não pelo viés de abordagens gramaticais ou estilísticas, mas sob uma perspectiva enunciativa, MFL evidencia que a análise dos fatos da língua não se faz por uma divisão de trabalho entre duas ciências, pois a forma só tem sentido na enunciação.

O estudo do discurso citado contempla a intersubjetividade, trazendo a questão do "outro" de maneira concreta, como dimensão constitutiva da linguagem: o "outro" como discurso e o "outro" como receptor. De forma pioneira, esse fenômeno linguístico é trabalhado como enunciação na enunciação, reação da palavra à palavra, discurso no discurso, recepção ativa do discurso de outrem.

Se por alguma razão, talvez até conjuntural, Bakhtin (Voloshinov), em MFL, apresenta-se contraditório em sua posição sobre os aspectos estruturais da linguagem, isso não deve obscurecer sua contribuição no sentido de anunciar uma linguística da enunciação cujo objeto se institui pela diluição da clivagem abstrato/concreto e pela inclusão da relação intersubjetiva.

Diferentemente do que se apresenta em MFL, nas obras em que a autoria não é compartilhada, Bakhtin tem uma relação positiva com a linguística, ou seja, institui sua teoria da linguagem sem invalidar a teoria saussuriana, embora não deixe de assinalar que ela é insuficiente para o estudo da comunicação verbal.

A discussão entre os aspectos abstratos e concretos da linguagem encontra-se várias vezes formulada em sua obra. No último capítulo de *Problemas da poética de Dostoiévski*,[42] a questão se coloca na distinção entre *língua*, objeto específico da linguística obtido por meio de uma abstração, e *discurso*, língua em sua integridade concreta. Bakhtin considera legítimo e necessário o procedimento da linguística de recortar a *língua* pela abstração de alguns aspectos da vida concreta do discurso.

Em *Problemas da poética de Dostoiévski,* Bakhtin coloca seu objeto de estudo como pertencente à metalinguística, que, diferentemente da linguística, trata do fenômeno do discurso em uma perspectiva que o considera na realidade concreta e viva. Ao contrário do que se poderia supor, em função do que está explicitamente colocado em vários momentos de MFL, Bakhtin não desconsidera o estudo linguístico saussuriano, mas adverte que o seu ponto de vista é diferente porque não é baseado em um objeto abstrato. Segundo ele, as "pesquisas metalinguísticas, evidentemente, não podem ignorar a linguística e devem aplicar os seus resultados [...]. Devem [as pesquisas] completar-se mutuamente e não fundir-se".[43]

Para o autor, são as relações dialógicas que singularizam o romance polifônico[44] em relação aos demais. Entretanto, essa diferença não é da ordem do linguístico *stricto sensu*, mas da metalinguística, porque, embora as relações pertençam ao campo do discurso, não se reduzem à forma linguística. Não pode haver relação de diálogo em um objeto abstrato (a língua), nem mesmo entre textos que são analisados apenas pelo prisma linguístico, já que a transcendência do diálogo releva aspectos contextuais não contemplados pela teoria linguística.

No entanto, as relações dialógicas não podem ser separadas da língua como fenômeno integral e concreto. Bakhtin introduz a ideia de comunicação dialógica, dizendo que a linguagem vive na comunicação dialógica daqueles que a usam. Essa concepção é básica para o autor, pois a partir dela argumenta que o diálogo não pode ser reduzido à descrição lógico-semântica. Por um lado, as regularidades lógicas são fundamentais para as relações dialógicas (pois tudo que é dito possui regularidade interna), mas, por outro, não se reduzem a elas, dada a sua especificidade. A condição para que as relações lógico-semânticas se tornem dialógicas é que sejam materializadas em discurso (enunciado) e assumidas por um autor de quem as regularidades expressam uma posição.

Na visão do autor, então, linguística e metalinguística têm objetos autônomos e metas próprias, ainda que não necessariamente excludentes. A linguística estuda a linguagem na sua *generalidade*, como algo que *torna possível* a comunicação dialógica, ao passo que a metalinguística ocupa-se do que ele chama de *relações dialógicas,* relações essas que não podem ser estabelecidas por critérios genuinamente linguísticos, porque, embora pertençam ao campo do discurso, não fazem parte de um campo puramente linguístico de seu estudo. O autor vê uma complementação entre os dois níveis, afirmando a necessidade de recorrer à língua para dar conta do discurso.[45]

Podemos dizer que Bakhtin concebe a metalinguística para abordar a enunciação e seus constituintes. Não interessa a ele o estudo da estrutura linguística em si, apesar de não o descartar, mas o da significação do evento enunciativo, em especial no que diz respeito aos efeitos de sentido das relações dialógicas que aí têm lugar. Em sua concepção, o sentido se define no ato de materialização das relações lógicas em relações dialógicas, o que implica reconhecer que a semantização da língua ocorre na enunciação.

Em *Gêneros do discurso* (1992), que, segundo Todorov afirma na introdução à publicação brasileira, "é algo como uma síntese das ideias linguísticas de Bakhtin nos anos vinte",[46] é possível reconhecer um Bakhtin bastante próximo daquele que escreveu *Problemas da poética de Dostoiévski*. Isso pode ser comprovado por meio de várias evidências de traços comuns aos dois livros, tais como: o reconhecimento da legitimidade da linguística saussuriana para tratar do que é da ordem do repetível; a concepção de um nível abstrato de significação; a preocupação com questões de estilo, entre outras.

Os gêneros do discurso são discutidos à luz de uma concepção de enunciado como possibilidade de uso da língua. O percurso feito por Bakhtin é basicamente este: a ação humana está diretamente ligada ao uso da língua. Como essa ação emana de determinadas esferas da atividade humana, a utilização da língua consequentemente reflete as condições e finalidades de cada uma. Tal reflexo é perceptível no conteúdo temático, no estilo e na construção composicional do enunciado. A fusão desses três elementos no enunciado, em uma dada esfera, determina o que Bakhtin chama de "tipos relativamente estáveis de enunciados", ou seja, os *gêneros do discurso*.[47]

O contraponto de Bakhtin é, nesse texto, a exemplo de outros, a estilística. Desse ponto de vista, o autor propõe o estudo do estilo não mais em termos de oposição entre gênero e estilo, mas em termos de interação, isto é, as mudanças no estilo são inseparáveis das mudanças nos gêneros. Esse problema é explicitamente estudado na segunda parte do livro, quando Bakhtin elabora uma severa crítica à linguística do século XIX em função da supremacia atribuída ao locutor, que minimiza o papel do outro na produção do enunciado.

Três pontos da teoria de Bakhtin são fundamentais tanto para a crítica feita quanto para a proposta elaborada. São eles: a atitude responsiva ativa, a compreensão responsiva ativa e a oposição oração/enunciado. Iniciaremos pelo último ponto.

A oposição oração/enunciado é colocada da seguinte forma: a oração é uma unidade da língua e como tal não possui existência real, entretanto, isso não impede que tenha um valor semântico (a significação). O enunciado é uma unidade da comunicação verbal que somente tem existência em um determinado momento histórico, porém, sua constituição não exclui a oração. O enunciado é exatamente a realização enunciativa da oração. O valor semântico do enunciado, por sua vez, é o sentido. A oração é neutra em relação a todo o conteúdo ideológico, sua estrutura é de natureza gramatical; já o enunciado não é neutro, seu conteúdo veicula determinadas posições, devido às esferas em que se realiza; este, ainda, implica referência ao sujeito, enquanto a oração não. Pode-se elencar critérios para se identificar um enunciado. São eles: a alternância de sujeitos, o acabamento e a relação do enunciado com o próprio locutor e com os outros parceiros da comunicação verbal.

Nesse ensaio, assim como em *O problema do texto*, a concepção bakhtiniana de sentido também prevê complementaridade entre os níveis da língua e do discurso, pois não descarta a ideia de que algo que é da ordem da língua se mantém como potencialidade a ser concretizada no interior de uma enunciação. Se por trás de um texto não há uma *língua*, já não se trata de um texto, mas de um fenômeno natural, diz o autor,[48] pois, por trás dele, sempre se encontra um sistema compreensível para todos, o sistema da língua, que, no texto, é tudo o que é repetível e reproduzível. Em sua qualidade de enunciado, porém, é individual, único e irreproduzível, sendo nisso que reside seu sentido. Do mesmo modo que em *MFL*, Bakhtin defende que as formas linguísticas só têm sentido no interior de uma enunciação, como se pode atestar na pergunta que ele formula em *O problema do texto*: "Como admitir a existência do discurso indireto livre sem querer admitir que o verbo seja bivocal?"[49] E nas observações feitas sobre a "reserva imensa de recursos puramente linguísticos" de que o sistema da língua dispõe para expressar de modo formal o ato vocativo – recursos lexicais, morfológicos[50] e sintáticos[51] – que, no entanto, só podem implicar um destinatário real no todo de um enunciado concreto.

Para o autor, quando se analisa uma oração isolada tirada de seu contexto, "encobrem-se os indícios que revelariam seu caráter de dirigir-se a alguém, a influência da resposta pressuposta, a ressonância ideológica que remete aos enunciados anteriores do outro, as marcas atenuadas da alternância dos sujeitos falantes que sulcaram o enunciado por dentro".[52] Em sua visão, é no enunciado que as palavras adquirem expressividade, ou seja, o contato entre a significação linguística e a realidade concreta, que se dá no enunciado, é que provoca o lampejo da expressividade.[53]

É interessante assinalar, em relação à questão da *expressividade*, presente na citação anterior, que, como acontece em *MFL*, Bakhtin abre espaço para o singular em sua teorização sobre a linguagem. Há, inclusive, uma passagem em que Bakhtin pergunta se a ciência pode tratar de uma individualidade tão absolutamente irreproduzível como o enunciado, que estaria fora do âmbito em que opera o conhecimento científico propenso à generalização. Sua resposta é categórica: "Não há dúvida de que pode".[54] Parece correto afirmar, então, que a linguística da enunciação de Bakhtin, por tomar como objeto unidades da comunicação verbal – os enunciados – que são irreproduzíveis e estão ligados por uma relação dialógica, apresenta-se como um sistema teórico que só tem sentido para o evento comunicativo em ato, dedicado ao subjetivo, ao fortuito, portanto, "irredutível à compreensão lógica".[55]

Se é verdade que Bakhtin não desconhece a importância da linguística como tal para o tratamento da língua em sua generalidade, ou seja, fora de qualquer situação de uso, ele se mostra um crítico contundente em relação ao tratamento que a linguística do século XIX[56] dá à comunicação verbal. Segundo ele, a linguística fez uma "estimativa errada das funções comunicativas da linguagem, desconsiderando a forçosa relação do falante com os outros parceiros da comunicação verbal".[57] Tal como em *MFL*, e até mesmo com mais veemência, nos capítulos de *Estética da criação verbal* aqui focalizados, ele contesta a compreensão passiva, que pressupõe a ideia de que o ouvinte é apenas um duplicador do pensamento do falante. Para Bakhtin, a compreensão de uma fala viva é sempre acompanhada de uma atitude responsiva ativa: o ouvinte concorda ou discorda, completa, adapta, apronta-se para agir desde as primeiras palavras emitidas pelo locutor; o próprio locutor é um respondente, já que toma a palavra na cadeia complexa de outros enunciados.

A compreensão responsiva ativa pressupõe o princípio dialógico e a noção de alteridade como constitutivos do sentido. A enunciação, em Bakhtin, é pois atividade intrinsecamente dialógica, em que o reconhecimento de si se dá pelo reconhecimento do outro. Em cada palavra há "vozes que podem ser infinitamente longínquas, anônimas, quase despersonalizadas [...] inapreensíveis, e vozes próximas que soam simultaneamente".[58]

Nunca é demais salientar que a palavra "diálogo" em Bakhtin contraria entendimentos consagrados pelo senso comum. No sistema teórico do Círculo, *diálogo* não se reduz à interação face a face, isto é, "ao encontro fortuito de dois seres empíricos isolados e autossuficientes, soltos no espaço e no tempo, que trocam enunciados a esmo".[59] Também não significa "entendimento", nem "geração de consenso". No conjunto da obra de Bakhtin, as relações dialógicas são entendidas como espaços de tensão entre vozes sociais.[60]

Finalmente, em *O discurso no romance,*[61] Bakhtin elabora uma crítica à linguística e à filosofia da linguagem que, ao postularem uma relação simples do locutor consigo mesmo e para com "sua língua", concebem a língua e o indivíduo de forma monológica.

Para Bakhtin, a unidade de análise da linguagem é o enunciado entendido como realização linguística em que está implicado o eixo dialogismo-subjetividade-enunciação. A relação entre as ideias de Bakhtin e a linguística é de pressuposição mútua (cf. oração/enunciado). Entretanto, é necessário considerar que o escopo da metalinguística é o excedente da linguística, ou seja, o eixo dialogismo-subjetividade-enunciação é o excluído do campo da linguística clássica.[62]

Em suma, na discussão entre o abstrato/sistemático e o concreto/mutável, Bakhtin (Voloshinov), em *MFL*, opta por integrá-los em uma só abordagem, dentro de uma ciência cujo objeto é a enunciação.[63] Já Bakhtin, em obras que assina sozinho, não se opõe à existência de uma ciência, a linguística, que se ocupe da face estrutural das línguas. Entretanto, se ele a julga apta para o tratamento da forma, não a considera capaz de tratar da comunicação. A língua em sua concretude só pode ser objeto de estudo de uma segunda ciência, a metalinguística, em que a linguagem é concebida como um conjunto de práticas socioculturais, concretizadas em diferentes gêneros do discurso[64] e atravessadas por diferentes vozes sociais.

Vale ressaltar que, enquanto a linguística saussuriana não trata do sujeito, Bakhtin o refere como um dos elementos que distingue o enunciado da oração. Esse conceito está ligado a outras concepções e aos objetos de reflexão do autor. Como não fizemos um rastreamento de seu pensamento que possibilite falar dos diferentes objetos sobre os quais trabalha, também não tratamos mais detidamente do estatuto do sujeito em sua obra.[65] Apenas indicamos que tanto nos textos dirigidos à literatura quanto naqueles dirigidos à teoria do conhecimento e da linguagem está presente a ideia de um sujeito que somente tem existência quando contemplado na intersubjetividade.

Para Bakhtin, não existe um objeto de discurso que já não seja dialógico, pois não há uma fala original. No dito coexiste o já-dito. A ideia de compreensão ativa é particularmente ilustrativa desse aspecto. A transmissão da palavra de outrem, como objeto de transmissão interessada, é sempre parcial. A consciência de si está sempre presente na consciência que o outro tem do locutor. O "eu para si" no qual subjaz o "eu para o outro" é, na verdade, a confirmação da tese de que as vozes constituem a consciência do sujeito e que este, por sua vez, fala a partir do discurso do outro, com o discurso do outro e para o discurso do outro. Na voz do sujeito, está a consciência que o outro tem dele.

A consciência, considerada intersubjetividade, deve ser vista na realidade comunicativa, porque só na comunicação efetiva é que o "eu" se reconhece como alteridade.[66] Entretanto, o sujeito que aí tem lugar não é aquele da unilateralidade comunicativa, mas um sujeito que é dialogizado de modo interno porque constituído intersubjetivamente. Na teoria de Bakhtin, está colocada a impossibilidade de simetrização do sujeito, ou seja, a constituição subjetiva diz respeito a uma relação que não é de forma alguma aritmética.

Resumidamente, podemos afirmar que, em Bakhtin, o sujeito é uma autoconsciência que se constitui reflexivamente pelo reconhecimento do outro no discurso. É essa instância superior que determina a compreensão. Cada diálogo acontece de acordo com a compreensão-resposta do terceiro que diálogo tem, nele, uma forma não aritmética que dá existência ao diálogo. A palavra é sempre também palavra do outro.[67]

O que foi dito até agora parece sustentar uma leitura que vê o sujeito em um quadro não simétrico – relação essa percebida entre sujeitos concebidos intersubjetivamente pela intervenção de um terceiro sob forma de um discurso *prenhe de resposta*. Nada autoriza que se veja aí uma concepção cooperativa ou interacionista do sujeito,[68] pois o outro do qual fala Bakhtin é condição do próprio discurso porque não identificado nem com um interlocutor físico, nem com o objeto do discurso. O dialogismo acena concomitantemente para um atravessamento de outros discursos, constitutivo da própria língua, realizável por um jogo fronteiriço. Acena, também, para um atravessamento do sujeito pela alteridade da interlocução.

Notas

[1] Referimos o Círculo porque a proposição de reflexões sobre a linguagem não é um privilégio de Bakhtin. Dentre os autores que o constituem, centralizamos a atenção em Voloshinov e Bakhtin, já que é em obras assinadas por ambos ou somente por Bakhtin que se encontra propriamente uma teoria enunciativa da linguagem. O Círculo compreende um grupo multidisciplinar de intelectuais apaixonados por filosofia que se reunia regularmente, de 1919 a 1920, para debater ideias.

[2] Isso explica a verdadeira *explosão* bakhtiniana entre os linguistas contemporâneos, particularmente em torno do princípio do dialogismo, pivô de interrogações capitais para o campo de estudos da linguagem.

[3] Publicado pela primeira vez em 1929.

[4] Segundo Clark & Holquist (1998), sua primeira publicação é datada de 1929 sob o título *Dostoiesky's Creative Works* (contemporâneo de *Marxismo e filosofia da linguagem*). Em português recebeu o título correspondente à segunda edição datada de 1963, que, de acordo com os biógrafos do autor, é considerada por Bakhtin a melhor edição. Uma segunda edição revisada foi publicada em português em 1997, sendo a ela que fazemos referência.

[5] Editado originalmente sob este título, foi escrito entre os anos de 1952 e 1953. A publicação brasileira integra o livro *Estética da criação verbal* (1992).

[6] Escrito entre 1959 e 1961 e editado sob o título *O Problema do texto nas áreas da linguística, da filosofia, das ciências humanas: tentativa de uma análise filosófica,* integra a edição brasileira de *Estética da criação verbal.* Em francês, está colocado em anexo ao livro *Mikhail Bakhtin: le principe dialogique,* de Tzevetan Todorov (1981).

[7] Escrito entre 1934 e 1935 e publicado em português em uma reunião (*Questões de literatura e estética*). Como o próprio título sugere, é bastante voltado para questões estilístico-literárias. Seu objetivo é eliminar a distância entre o formalismo e o ideologismo no estudo do texto literário. É nesse livro que são formulados importantes conceitos como os de *plurivocalidade* e *plurilinguismo.*

[8] Ver Robert Stam, Bakhtin: da teoria literária à cultura de massa, São Paulo, Ática, 1992.

[9] Ver o excelente trabalho de Irene Machado, O romance e a voz: a prosaica de M. Bakhtin, Rio de Janeiro, Imago, 1995. Ver também o ensaio de C. Tezza, Entre a prosa e a poesia: Bakhtin e o formalismo russo, Rio de Janeiro, Rocco, 2003.

[10] E. Martins, Enunciação e diálogo, Campinas, Ed. Unicamp, 1994, p. 18.

[11] Não há consenso quanto à autoria desse livro. Faraco (2003) o atribui a Voloshinov. Clark e Holquist (1998), a Bakhtin. Na publicação em português (2001), com tradução de Paulo Bezerra, somente Bakhtin figura como autor.

[12] Não referimos a disputa autoral em torno de "O método formal nos estudos literários", de 1928, que Bakhtin assina com Medvedev, por não tomarmos aqui essa obra como foco de atenção.

[13] Para fundamentar sua posição, valem-se de depoimentos de pessoas próximas a Bakhtin; da avaliação da metalinguagem marxista utilizada nesse e em outros livros; do momento histórico da publicação do livro (cf. Flores, 2002, p. 22).

[14] Faraco adota a primeira posição, fundamentando-a no fato de que Bakhtin, após a década de 1960 e até sua morte, teve oportunidades concretas de reivindicar a autoria dos textos mencionados, mas não o fez. Ver: C. Faraco, Linguagem e diálogo: as ideias linguísticas do Círculo de Bakhtin, Curitiba, Criar, 2003, pp. 13-4.

[15] O reconhecimento de que Bakhtin, quando assume sozinho a autoria dos textos, não adota a mesma atitude em relação à linguística de Saussure, comparando-se com os textos em que Voloshinov aparece como coautor, já está indicado em Authier-Revuz (2004), Faraco (2003), Flores (2002) e Amorim (2001).

[16] M. Bakhtin, Marxismo e filosofia da linguagem, São Paulo, Hucitec, 1981, p. 89.

[17] Idem, p. 79.

[18] Idem, p. 90.

[19] Idem, p. 91.

[20] Idem, p. 92.

[21] Idem, p. 95.

[22] Entre eles, Authier-Revuz (1982) e Faraco (2003).

[23] Bakhtin, op. cit., p. 106.

[24] Idem, p. 108.

[25] Tal visão justifica a crítica a Voloshinov feita por Authier-Revuz (1995, 1998). Ela o coloca entre os autores que, pensando *contra* Saussure, promovem a anulação da língua no social.

[26] Bakhtin, op. cit. p. 128.

[27] Idem, ibidem.

[28] Idem, p.129.

[29] Idem, p. 92 [grifo nosso].

[30] A esse respeito, vale ressaltar referências feitas por Bakhtin (Voloshinov) à falta de "relação e de transição progressiva entre as formas dos elementos constituintes da enunciação e as formas do todo no qual ela se insere"; ao abismo existente entre a sintaxe e a enunciação (idem, p. 104).

[31] Idem, pp. 124-5.

[32] Por *sinal*, Bakhtin (Voloshinov) entende o nível da recorrência e do estável; por *signo*, o sempre imutável e adaptável (idem, p. 93).

[33] Faraco, op. cit. p. 93.

[34] A esse respeito, a posição de Authier-Revuz é semelhante. Segundo ela, *MFL* não propõe a articulação entre duas linguísticas, uma da forma e outra do uso, mas uma *substituição por* (2004, p. 28).

[35] Bakhtin, op. cit., p. 131.

[36] Idem, p. 132.

[37] Idem, p. 135.

[38] Perspectiva que se opõe à do subjetivismo idealista, segunda corrente do pensamento filosófico-linguístico criticada por Bakhtin (Voloshinov), que entende o sujeito como puramente individual, único dono da palavra (cf. capítulo 6 de *MFL*).

[39] Nesse aspecto, podemos aproximá-lo de uma perspectiva como a de Benveniste, que, na interpretação de Flores (2004), faz da enunciação um conceito geral que só tem sentido para o individual, instituindo um sistema teórico apto a tratar da singularidade que habita a regularidade.

[40] Bakhtin, op. cit. p. 136.

[41] J. Authier-Revuz, Entre a transparência e a opacidade: um estudo enunciativo do sentido, Porto Alegre, EDIPUCRS, 2004, p. 37.

[42] M. Bakhtin, Problemas da poética de Dostoiévski, Rio de Janeiro, Forense Universitária, 1997, p. 181.

[43] Idem.

[44] Faraco (2003, pp. 74-5) chama a atenção para o sentido bastante específico do termo "polifonia" de que Bakhtin se serve "para qualificar o projeto estético de Dostoiévski em seus romances da maturidade". O autor adverte que esse termo não pode ser confundido com *heteroglossia* ou *plurivocalidade*, utilizados para "designar a realidade heterogênea da linguagem quando vista pelo ângulo da multiplicidade de *línguas sociais*". Para Bakhtin, "polifonia" não é um universo de muitas vozes, mas um universo em que todas as vozes são equipolentes. A esse respeito, vale conferir também a posição de Machado (1995), Tezza (2003) e Bezerra (2005).

[45] Bakhtin, op. cit., pp. 182-3.

[46] T. Todorov, "Prefácio", em M. Bakhtin, Estética da criação verbal, São Paulo, Martins Fontes, 1992, p. 21.

[47] M. Bakhtin, Estética da criação verbal, São Paulo, Martins Fontes, 1992.

[48] Idem, p. 331.

[49] Idem, p. 349. Nesse momento, ele se refere também às aspas como forma marcada da presença de um discurso no outro.

[50] As flexões correspondentes, os pronomes, as formas pessoais do verbo.

[51] Os diferentes clichês e modificações de orações.

[52] Idem, p. 326.

[53] Idem, p. 311.

[54] Idem, p. 335.

[55] Faraco, op. cit., p. 21.

[56] Humboldt e Vossler são os autores nomeados por ele nessa crítica.

[57] Bakhtin, op. cit., p. 289.

[58] Idem, p. 353.

[59] Faraco, op. cit., p. 62.

[60] A esse respeito, indicamos a leitura de Amorim (2001) e Di Fanti (2004).

[61] Segundo capítulo de *Questões de literatura e de estética* (1993).

[62] Sobre essa questão, ver Flores (1999).

[63] Para uma discussão detalhada do conceito de *enunciação* em Bakhtin, remetemos a Brait e Melo (2005).

[64] Os gêneros do discurso são modelos padrões de construção de um todo verbal, que se distinguem por princípio do modelo *linguístico das orações* (Bakhtin, 1992, p. 357). Bakhtin dá especial relevo ao estudo da natureza e da diversidade dos gêneros de enunciados nas diferentes esferas da atividade humana, considerando-os de importância capital para todas as áreas da linguística e da filologia (1992, p. 282). Para aprofundamento deste tema, remetemos a Machado (1995, 2005), Brait (1997), Faraco (2003) e Di Fanti (2004).

[65] Para tanto, indicamos o excelente texto de Dahlet (1997).

[66] Essa interpretação deve ser remetida a Martins (1990, p. 18). Diz a autora: "a comunicação, enquanto relação de alteridade, constituidora do 'eu' pelo reconhecimento do 'tu' é [...] o núcleo a partir do qual Bakhtin constrói o princípio do dialogismo [...]". E acrescenta: "a comunicação é não só indissociável da noção de diálogo, como coloca no centro da investigação o problema da intersubjetividade".

[67] A respeito do estatuto do "outro" em Bakhtin, ver o capítulo "Da transparência à opacidade: Jacqueline Authier-Revuz" (aqui mesmo). Consultar também Brait (2001) e Teixeira (2001, 2003).

[68] Concordamos, pois, com Authier-Revuz, em *Ces Mots qui ne vont pas de soi: boucles réflexives et non-coïncidences du dire* (1995), quando diz que por mais elástico que seja o termo "pragmática", seu emprego com relação a Bakhtin é impróprio. Essa crítica é dirigida ao prefácio de Todorov, também presente na edição brasileira de *Estética da criação verbal*. Boutet (1994) também critica a tentativa de colocar Bakhtin como um dos precursores da pragmática. Essa posição, segundo a autora, tende a silenciar algumas exigências teóricas de Bakhtin, notadamente a de que sua teoria semântica repousa sobre uma tensão permanente entre o tema e a significação e a de que as concepções de *dialogismo* e *pluriacentuação*, longe de prefigurarem a pragmática contemporânea, opõem-se radicalmente a ela.

Polifonia, argumentação e enunciação: Oswald Ducrot

Aluno de Benveniste, Oswald Ducrot[1,2] foi diretamente por ele influenciado em especial no que tange à filosofia analítica, à vinculação do estudo da linguagem ao quadro saussuriano e à enunciação. Ducrot (1987) situa seus estudos no interior de uma disciplina denominada *Semântica Pragmática* ou *Pragmática Linguística*, que coloca em xeque a tese de que a pragmática trabalha sobre os resultados da semântica.[3] Ao lado de J.-C. Anscombre, propõe que, na maior parte dos enunciados, existem certos traços que determinam seu valor pragmático à parte de seu conteúdo informativo. Em outras palavras, segundo os autores, um linguista não pode se contentar em indicar, em um primeiro momento, o valor informativo das proposições gramaticais e introduzir, e após, uma segunda leitura de natureza pragmática. A pragmática deve estar integrada à semântica e não a ela acrescentada.

A análise empreendida por Ducrot, em toda a sua obra, é fundamentalmente estrutural à medida que considera que a língua é passível de uma análise lógica diferente daquela que a reduz a operações de verdade e falsidade.[4] Ao mesmo tempo, procura dentro do quadro conceptual da teoria dos atos de fala o estatuto do ilocucional como determinante de relações intersubjetivas de caráter jurídico.

Ducrot apresenta, então, até a publicação de *O dizer e o dito*, de 1984,[5] o projeto de uma pragmática integrada à língua com base no prisma do estruturalismo[6] e orientado pelas teorias de Benveniste e da pragmática anglo-saxã. Em sua visão, uma Pragmática Linguística teria por objeto as imagens do sujeito da enunciação veiculadas pelo enunciado.

O pensamento de Ducrot constrói-se em um movimento constante, sempre atento ao surgimento de impasses que possam invalidar o eixo central da teoria que desenvolve: a argumentação está na língua. Por essa razão, a cronologia é um dado importante para se entender os trabalhos de Ducrot e de Anscombre. Sua obra pode, em linhas gerais, ser dividida em algumas fases que testemunham as preocupações motivadoras das reflexões que fazem. A seguir é apresentado pequeno esboço dessa cronologia e, em nota, são referidos os textos que consideramos mais representativos.

a) A teoria clássica da argumentação cuja interlocução é com as teorias lógico-referencialistas: são representativos dessa fase os trabalhos relativos à pressuposição e aos atos de linguagem.[7]

b) A teoria da argumentação na língua, aí compreendidos os trabalhos sobre as palavras que organizam o enunciado e a teoria polifônica.[8]

c) A teoria dos *topoi* argumentativos, na qual se mantém a tese da argumentação na língua, mas a partir da introdução da noção de *topos* (princípio comum argumentativo).[9]

d) A nova versão da teoria da argumentação na língua na qual se incluem as concepções de *modificadores realizantes/desrealizantes* e a *teoria dos blocos semânticos.*[10]

Não faremos, aqui, uma apresentação da teoria de Ducrot em todos os seus desdobramentos, pois isso demandaria um espaço não pertinente para um trabalho introdutório como este. Nossa preocupação maior é assinalar o estatuto de questões como enunciação e subjetividade no âmbito da teoria, como forma de justificar sua inclusão na linguística da enunciação. Faremos isso a partir de dois momentos da obra: a versão da teoria polifônica e a da teoria dos *topoi* argumentativos.

Em seu *Esboço de uma teoria polifônica da enunciação* (1987) Ducrot propõe-se a contestar a tese segundo a qual na base de cada enunciado subjaz um único autor. De acordo com ele, a linguística moderna procura manter, como princípio, a unicidade de um sujeito com competência psicofisiológica. Somado a isso, vê o sujeito como a origem dos atos ilocutórios produzidos por intermédio do enunciado e, finalmente, acredita poder identificá-lo apenas pelas marcas de primeira pessoa.

É contra essa concepção de unicidade do sujeito que Ducrot se volta, apresentando a teoria polifônica. Nos artigos publicados em *O dizer e o dito* (1987) são introduzidas várias definições teórico-metodológicas cujo objetivo é sustentar a tese segundo a qual é possível verificar diferentes representações do sujeito da enunciação no sentido do enunciado. A primeira distinção é entre *frase* e *enunciado*. A frase é um objeto teórico de domínio do gramático, não observável ao linguista. O enunciado é a ocorrência histórica da frase, isto é, o observável. A cada um corresponde um valor semântico específico. O primeiro, denominado *significação*, é atribuído à frase, ou seja, são leis constituídas a partir da estrutura léxico-gramatical. O segundo, chamado de *sentido*, é atribuído ao enunciado e pertencente ao domínio dos fatos. Essas definições indicam a configuração pragmática da teoria, pois ao considerar a significação característica semântica da frase, Ducrot a concebe como o roteiro das indicações de uso da frase. Assim, ela contém todas as instruções para a compreensão dos sentidos, o que consiste em conceber o enunciado como descrição da enunciação. O que é comunicado pelo sujeito mediante o enunciado é, então, a própria qualificação desse enunciado.[11]

O sujeito que aí é contemplado não é um produtor de fala. É, antes, uma representação no sentido do enunciado. Dessa forma, a enunciação pode ser atribuída a um ou mais sujeitos. Entre esses podemos distinguir pelo menos dois tipos de personagens: os locutores e os enunciadores.

O locutor é apresentado como o ser responsável pela enunciação. Isto é, alguém a quem se deve imputar a responsabilidade pela produção do enunciado. Diferentemente do autor empírico, trata-se de uma ficção discursiva, embora geralmente coincida com este no discurso oral. É ao locutor que remetem as marcas de primeira pessoa contidas no enunciado.

Percebe-se que essa definição distingue o falante do autor e este do locutor. O locutor é desmembrado para dar conta do fato de aparecer em um enunciado marcas de primeira pessoa imputáveis a diferentes locutores. Para isso, Ducrot concebe o *locutor-enquanto-tal* (L), constituído no nível do dizer – responsável pela enunciação – e o *locutor-enquanto-ser-no-mundo* (Y), origem do enunciado, que representa discursivamente o ser empírico, identificável por meio de (L) e constituído no nível do dito. Ambos são seres do sentido do enunciado, diferentes do sujeito-falante (elemento não enunciativo).

Essa distinção justifica o fato de Ducrot não ter escolhido uma definição de enunciação comprometida com o produtor/autor, nem endereçada a ninguém. Conforme o autor, *a enunciação é o acontecimento constituído pelo aparecimento do enunciado.*[12] Obviamente, do ponto de vista empírico, a enunciação é a atitude do sujeito falante, porém, a representação que ela apresenta dessa atitude é diversa de uma imagem unicitária; é, pois, a de um diálogo.

Os enunciadores, por sua vez, remetem a uma segunda forma de polifonia. Eles representam, de forma geral, para o locutor, o que representa o personagem para o autor na obra de ficção. O enunciador é uma perspectiva expressa por meio da enunciação, ele não "fala", mas tem seu ponto de vista colocado sem, entretanto, ter atribuída precisão às palavras. Se o locutor apresenta uma enunciação de que se declara responsável, então o enunciador existe em função da imagem que o locutor oferece dessas vozes. Assim, a identificação dos enunciadores somente é possível por intermédio do locutor, que pode ou não concordar com os enunciadores.[13]

Muitas das questões clássicas de investigação da linguagem tomam nova dimensão, quando situadas no referencial teórico da polifonia, tais como: a pressuposição, o conceito de ilocucional e a argumentatividade, entre outras. Trabalharemos, a seguir, especificamente com a questão da argumentatividade na versão da teoria da argumentação na língua que inclui a noção de *topos* (lugar comum argumentativo).

Ducrot retoma a distinção frase/enunciado, explicada anteriormente, anunciando que, daquilo que denominou como instruções da frase, seu interesse recai sobre as variáveis argumentativas, as quais "indicam ao intérprete do enunciado que ele deve constituir, e atribuir ao locutor (fundamentando-se no que ele conhece da situação de discurso), uma estratégia argumentativa determinada".[14] O exemplo dado pelo autor é o seguinte: sejam as frases da estrutura *X é P demais* em que *x* designa um objeto e *P* uma propriedade. Tais frases colocam para o intérprete uma proposição *r*, que o locutor refuta com *X é P demais.* Esse *r* deve ser aceitável ou justificável para o caso de a propriedade de *X* ser inferior a um limite e inaceitável quando a propriedade de *X* for superior. Esse é o caráter instrucional das frases de uma língua.

Tradicionalmente, a argumentação é vista como a produção de um enunciado *A* para justificar um enunciado *C*, em que *A* é argumento para *C*, ou notadamente, *A.....}C.* Os motivos para que se admita isso são dois:

1) *A* indica um fato *F*: em que *F* é um fato da realidade, verdadeiro ou falso, independentemente da intenção de ele concluir *C*;

2) o sujeito falante admite que *F* implica a verdade ou validade de *C*.

Nessa concepção, a língua, entendida como um conjunto de frases semanticamente descritas, não desempenha na argumentação um papel essencial, porque se, de um lado, a língua oferece os conectivos que assinalam a relação entre *A* e *C*, por outro, ela intervém na passagem de *F* para *C*. Portanto, se *A* designa *F*, isso se deve (parcialmente) à frase realizada por *A*, mas o movimento que conduz a *C* é independente da língua, sendo, pois, explicado pela situação de discurso. Ducrot não pode admitir essa perspectiva porque ela refuta a tese da argumentatividade inscrita na língua, já que assim a argumentação passaria a ser vista como produto da situação e não mais de relações linguísticas.

O fato de existir na língua pares de frases cujas enunciações na mesma situação indicam o mesmo fato, mas não a mesma conclusão, leva Ducrot a manter a tese da argumentatividade inscrita na língua e a formular a hipótese de que a frase indica se é possível ou não argumentar a partir de seus enunciados. Essa hipótese pode ser aplicada aos casos particulares dos operadores argumentativos (*O.A)*.

X é um *(O.A)* em relação à frase *P* se três condições forem satisfeitas:

1) *P'=P+X* , ou seja, é possível construir uma frase *P'* a partir de *P* pela introdução de *X*;

2) *P* e *P'* têm valores argumentativos diferentes em uma dada situação de discurso;

3) essa diferença não é fornecida pela diferença factual das informações de *P* e *P'*.

Sendo o *(O.A) pouco* e *P Pedro trabalhou um pouco*, tem-se as três condições satisfeitas, isto é:

1) tem-se *P*' "*Pedro trabalhou pouco*", substituindo-se *um pouco* por *pouco* em *P*;

2) *P* e *P'* não são iguais argumentativamente em uma situação de discurso;

3) a diferença não é derivada da informação que veiculam.

Ducrot abandona essa primeira forma da teoria em virtude de, nesse caso, se poder concluir identicamente tanto para *P* como para *P'* e diz que "o problema geral é que as possibilidades de argumentação não dependem somente dos enunciados tomados por argumentos e conclusões, mas também dos princípios dos quais se serve para colocá-los em relação".[15] Tomado o sentido do enunciado como a representação da enunciação não se trata mais de ver a argumentação como *A.....}C*, pois a situação de discurso que poderia justificar as conclusões idênticas para *P* e *P'* não é exterior ao enunciado, mas é construída por ele, faz parte do sentido do enunciado.

Ao negar *A....}C*, a definição de argumentação deixa de ser concernente à totalidade do enunciado e passa a integrar os elementos que constituem o seu sentido. Assim, Ducrot aproxima sua teoria da argumentação do tratamento dado à enunciação e ao sujeito na enunciação. A argumentação como elemento constitutivo do sentido do enunciado pode ser traduzida, então, nos termos da teoria polifônica, como enunciadores que evocam os princípios argumentativos que são representados no sentido do enunciado.

O que significa, então, dizer que o enunciado *E* contém um elemento semântico *e* que possui um valor argumentativo? Para Ducrot, a validade dessa formulação deve atender a três condições:

1) *e* é um conteúdo no sentido de *E;*

2) *e* é considerado, na enunciação de *E*, uma justificativa para a conclusão *r*;

3) a orientação de *e* para *r* deve estar fundamentada em um *topos*.[16]

As duas primeiras poderiam ser interpretadas da seguinte forma: a enunciação é um acontecimento que se constitui pelo aparecimento de um enunciado; o sentido do enunciado que apareceu comunica a qualificação/descrição da enunciação (do acontecimento). Descrever semanticamente esse sentido é levar a compreender porque o sujeito pode efetivamente, ao produzir um enunciado, realizar este ou aquele ato. Em um enunciado do tipo (E) *O tempo está bom. Vamos passear*, tem-se que:

- *e* é um conteúdo do sentido de *E*, ou seja, *o bom tempo*;
- o sentido de *E* é a qualificação/descrição de enunciação, nesse caso, o sentido é que a enunciação *afirma* o bom tempo;
- a conclusão *r* é explicitada por um enunciado *C*; nesse caso, *e* é uma justificação para *r* explicitado em *C*;

Falta explicitar a terceira condição. Para tanto, Ducrot formula três propriedades para que se entenda o *topos* como um *princípio argumentativo*: a primeira é a universalidade (no sentido de que é compartilhado pela comunidade linguística que o utiliza); a segunda é a generalidade (decorrente da anterior, significa que se um princípio argumentativo é válido para uma situação, deve ser válido para outras semelhantes); a terceira é a gradualidade (o *topos* que assegura a passagem de *e* para *r* é de natureza gradual).

Para justificar a gradualidade do *topos*, Ducrot elabora a distinção entre *topoi* e *formas tópicas*. As *formas tópicas* de um *topos*, dada a sua natureza gradual, são as formas recíprocas que o *topos* pode assumir. Verifique-se o exemplo dado por Ducrot sobre os operadores argumentativos *pouco* e *um pouco*. Sejam os encadeamentos:

a) Ele trabalhou *um pouco*. Ele vai conseguir.

b) Ele trabalhou *um pouco*. Ele não vai conseguir.

c) Ele trabalhou *pouco*. Ele vai conseguir.

d) Ele trabalhou *pouco*. Ele não vai conseguir.

Tem-se aí, dois *topoi* contrários denominados pelo autor, respectivamente, de "moral" e "cínico":

T-1) O trabalho leva ao êxito (convocado por *a* e *c*);

T-2) O trabalho leva ao fracasso (convocado por *b* e *d*).

Cada um dos *topoi* tem duas *formas tópicas* recíprocas e equivalentes:

FT-T1) Quanto mais se trabalha, mais se tem êxito;

FT-T1) Quanto menos se trabalha, menos se tem êxito;

FT-T2) Quanto mais se trabalha, menos se tem êxito;

FT-T2) Quanto menos se trabalha, mais se tem êxito.

Ducrot mantém, dessa forma, a tese da argumentatividade inscrita na língua que, no exemplo anterior, pode ser interpretada da seguinte forma: a própria língua ou a frase, na terminologia de Ducrot, contêm as instruções para que se interprete os enunciados com *pouco* e *um pouco* e um predicado *P*. Tais instruções podem ser do tipo *"quanto mais P..."* para *um pouco*, e *"quanto menos P..."* para *pouco*. Desse modo, em (a) a forma tópica deve ser FT-T1, pois é a única que permite a conclusão *Pedro vai conseguir*.

O que se percebe na análise proposta por Ducrot é que a utilização da língua exige que se disponha de *topoi*. Entretanto, ela não determina os conteúdos que constituem esses *topoi*, isto é, a mesma língua pode ser utilizada por comunidades linguísticas que admitem *topoi* contrários.

Em linhas gerais, pode-se dizer que a teoria de Ducrot é uma semântica argumentativa voltada para as questões de enunciação, na medida em que considera, na representação do sentido do enunciado, tanto a presença de diferentes vozes (polifonia) quanto a evocação de princípios argumentativos que dão a direção de como um dado enunciado deve ser interpretado numa situação *x*.

Notas

[1] O conceito de polifonia desenvolvido por Ducrot é diferente daquele proposto por Bakhtin em *Problemas da poética de Dostoiévski*. Em Bakhtin, o termo "polifonia" adotado do campo da música, é usado para qualificar o projeto estético de Dostoievski, em que o autor figura como "regente do grande coro" constituído pelos personagens do romance, "seres vivos e independentes", com os quais o autor se coloca em relação de igualdade (cf. Bezerra, 2005). Ducrot, ao contrário, não relaciona a polifonia com uma estética da linguagem, mas com a característica que tem a língua, realizada em enunciados, de colocar em cena enunciadores. A respeito das especificidades do termo polifonia em ambos os autores, consultar Amorim (2001, p. 123).

[2] Essa discussão a respeito da obra de Ducrot é feita de forma mais detalhada no capítulo "A denegação na neurose e na psicose", em M. Schäffer; V. Flores e L. Barbisan (org.), Aventuras do sentido: psicanálise e linguística, Porto Alegre, EDIPUCRS, 2002.

[3] Trata-se da tese inspirada em C. Morris (Foundations of the Theory of Signs, de 1948), segundo a qual o estudo de uma língua – natural ou artificial – comporta três fases sucessivas: sintática, semântica e pragmática.

[4] Nas últimas versões da teoria de Ducrot, percebe-se também forte tendência em recusar os princípios da referencialidade e do cognitivismo.

[5] A primeira edição em português é de 1987.

[6] "Certamente, tenho a pretensão de permanecer fiel a Saussure, mesmo se o que digo é bem diferente daquilo que dizia Saussure. Retomo de Saussure esta ideia [...] segundo a qual as palavras não podem ser definidas senão pelas próprias palavras e não em relação ao mundo, ou em relação ao pensamento. A diferença entre o meu trabalho e o de Saussure é que não defino, propriamente falando, as palavras em relação a outras palavras, mas em relação a outros discursos. O que eu tento construir seria então uma espécie de estruturalismo do discurso" (Cf. Ducrot em entrevista a Heronides Moura na revista D.E.L.T.A. de 1998). Para maior compreensão das relações entre o pensamento de Ducrot e o de Saussure, ver Barbisan (2004).

[7] Obras de O. Ducrot: Princípios de semântica linguística: dizer e não dizer, São Paulo, Cultrix, 1977; "De Saussure à la philosophie du langage", em J. Searle, Les Actes de langage: essais de philosophie du langage, Paris, Herman, 1972; Provar e dizer, São Paulo, Global, 1981.

[8] Obras de O. Ducrot: O dizer e o dito, Campinas, Pontes, 1987 (principalmente a parte referente à enunciação e à polifonia); Les mots du discourse, Paris, Minuit, 1980; "As escalas argumentativas", em Provar e dizer, São Paulo, Global, 1981; L'argumentation dans la langue, Bruxelas, Pierre Mardaga, 1983; Polifonía y argumentación: conferencias del seminario Teoria de la argumentación y análisis del discurso, Calli, Universidade del Valle, 1988.

[9] O. Ducrot, "Argumentação e 'topoi' argumentativos", em E. Guimarães (org.), História e sentido na linguagem, Campinas, Pontes, 1989. J. C Anscombre (org.), Théorie des topoi, Paris, Kimé, 1995.

[10] Nessa versão da teoria é fundamental a participação, principalmente, de Marion Carel (Cf. Journal of pragmatics, Amsterdam, Elsevier, 1995). Para maior compreensão dessa versão, indicamos a leitura de Barbisan (2003, 2004).

[11] Para uma visão evolutiva do conceito de polifonia na obra de Ducrot, ver Barbisan e Teixeira (2002).

[12] O. Drucot, op. cit., 1987, p. 168.

[13] A noção de "enunciador" é rediscutida por Ducrot em artigo publicado em maio de 2001, escrito em resposta a críticas formuladas pela Teoria Escandinava da Polifonia (ScaPoLine), que propõe a exclusão da figura do enunciador. Ducrot argumenta em favor da manutenção do conceito, levantando fatos linguísticos que só podem ser explicados por meio da distinção locutor/enunciador (cf. Barbisan e Teixeira, 2002, pp. 122-178).

[14] O. Drucot, op. cit., 1987, p. 14.

[15] Idem, p. 21.

[16] As noções de *topos* e formas tópicas surgiram separadamente da noção de polifonia, no segundo momento da teoria da argumentação na língua. Só depois, as noções (*topos*/formas tópicas/polifonia) foram aproximadas (cf. Barbisan e Teixeira, op. cit, p. 172).

Da transparência à opacidade: Jacqueline Authier-Revuz

Jacqueline Authier-Revuz situa-se no campo da enunciação entre os chamados "herdeiros" do estruturalismo. Ela própria define sua posição como "neoestruturalista", pois parte – "nesse campo heterogêneo onde se encontram a língua e os seus exteriores – das formas da língua". Coloca-se entre linguistas como Bally, Benveniste e Culioli.[1]

Antes de qualquer coisa, é preciso mencionar sua relação com Saussure para que se compreenda qual o estatuto da palavra "estrutura" em sua teoria. A autora atesta sua filiação a Saussure quando reconhece que o ponto de partida de sua pesquisa é a *língua como ordem própria.* Embora conceba a ordem da língua como afetada por elementos que lhe são "exteriores", ela não concorda que se deixe o objeto da linguística aí se perder. Se, por um lado, Authier-Revuz propõe a viabilização do trânsito entre a língua e a enunciação – e, nesse sentido, seu empreendimento escapa ao imanentismo a que a linguística aderiu para preservar sua cientificidade – por outro lado, isso não pode se dar por um ato de dissolução do objeto tal como é definido por Saussure.[2]

Filia-se, particularmente, a Benveniste. A teoria desse autor interessa Authier-Revuz em, pelo menos, três pontos fundamentais:

- a afirmação da propriedade reflexiva da língua, pela qual ela se coloca em posição privilegiada entre os sistemas semióticos;

- o reconhecimento da língua como ordem própria, sem que, por isso, o linguista deva rejeitar o que é da ordem do discurso, que está aí mesmo contido;

- a indicação de que certas formas da língua – como os pronomes pessoais, os tempos verbais, os performativos, os delocutivos – são os sinais, na língua, do que lhe é radicalmente outro.

O estudo de Authier-Revuz é dedicado a um tipo de configuração enunciativa da reflexividade metaenunciativa – a modalização autonímica. A singularidade de sua abordagem deve-se ao reconhecimento de que o campo da enunciação é marcado por uma heterogeneidade teórica, o que a leva a ver como inevitável o chamamento, para a descrição dos fatos de língua, de abordagens estranhas à linguística como tal. A autora assinala que passar da consideração da língua – concebida como fechada sobre si mesma, à maneira das correntes imanentistas – à consideração do discurso é abandonar um domínio homogêneo, em que a descrição é da ordem do *um*, por um campo duplamente marcado pelo *não um*, em razão da heterogeneidade teórica que o atravessa.[3]

Essas abordagens exteriores permitem considerar a reflexividade opacificante da modalidade autonímica tanto no plano da língua, sob o ângulo da linearidade do dizer, como no plano do discurso, sob o ângulo do que ela diz ao sujeito do dizer.[4] O estudo de Authier-Revuz inicia-se por uma etapa dedicada a identificar, inventariar, classificar e descrever as formas mediante as quais se realiza o desdobramento metaenunciativo próprio da modalização autonímica, mas não se detém aí. A explicitação das exterioridades teóricas abre a via para que se possa, no plano da prática da linguagem, "caracterizar esse modo enunciativo desdobrado, marcado por uma distância interna, compreender sua função na economia enunciativa em geral e demonstrar suas realizações diversificadas, suas manifestações de 'posições enunciativas' particulares a discursos, gêneros, sujeitos".[5]

A necessidade de se fazer um chamamento a campos exteriores à linguística para explicar fatos de língua é exposta em artigo de 1982,[6] em que Authier-Revuz refere duas maneiras pelas quais se apresenta a alteridade no discurso: a *heterogeneidade mostrada* e a *heterogeneidade constitutiva.* Segundo a autora, a linguística, permanecendo em seu terreno, deve levar em conta, efetivamente, "esses pontos de vista exteriores e os deslocamentos que eles operam em seu próprio campo".[7]

As formas que chama de heterogeneidade mostrada são linguisticamente descritíveis – discurso direto, discurso indireto, aspas, glosas – e contestam a homogeneidade do discurso, inscrevendo o outro na linearidade. Já a heterogeneidade constitutiva, não marcada em superfície, é um princípio que fundamenta a própria natureza da linguagem.

Para propor o que chama de *heterogeneidade constitutiva* do sujeito e de seu discurso, a autora busca apoio em duas abordagens não linguísticas da heterogeneidade constitutiva: o dialogismo bakhtiniano e a psicanálise freudo-lacaniana, em razão do questionamento radical que ela aí encontra – ainda que sob bases diferentes – da imagem de locutor como fonte de um sentido que ele traduz em uma língua, tomada como instrumento de comunicação.

O dialogismo do Círculo de Bakhtin faz da interação com o discurso do outro a lei constitutiva de qualquer discurso. Authier-Revuz toma esse princípio em duas diferentes concepções: a do diálogo entre interlocutores e a do diálogo entre discursos.

Esse dialogismo, visto como *diálogo entre interlocutores,* não se reduz ao diálogo face a face, pois o que Bakhtin propõe é uma teoria da dialogização interna do discurso (cf. capítulo "O dialogismo: Mikhail Bakhtin"). Para o autor, a comunicação é muito mais que a transmissão de mensagens. Ela tem o sentido antropológico de processo pelo qual o homem se constitui em uma relação de alteridade. Todo discurso está imediata e diretamente determinado pela *resposta antecipada*, pois, ao se constituir na atmosfera do *já-dito*, ele se orienta tanto para o espaço interdiscursivo como para o discurso-resposta que ainda não foi dito, mas foi solicitado a surgir, sendo já esperado.[8]

Visto como *diálogo entre discursos,* o dialogismo traz a ideia de que o discurso não se constrói a não ser pelo atravessamento de uma variedade de discursos, as palavras sendo já "habitadas" por outras ressonâncias.

A psicanálise freudo-lacaniana é convocada por Authier-Revuz pela dupla concepção que apresenta de uma *fala fundamentalmente heterogênea* e de um *sujeito dividido*. O que de modo particular mobiliza sua atenção é o fato de a psicanálise mostrar que "atrás da linearidade da emissão por uma única voz, faz-se ouvir uma polifonia", o discurso sendo constitutivamente atravessado pelo discurso do "outro". A autora articula a teoria da heterogeneidade da palavra a uma teoria de sujeito *efeito de linguagem*, para quem não existe – fora da ilusão e do fantasma – posição de exterioridade em relação à linguagem, nem centro em que emanariam, particularmente, a fala e o sentido.

Em suma, Authier-Revuz concebe o "outro" não como um objeto exterior de que se fala, mas como condição constitutiva do discurso. Essa noção tem sua ancoragem em Bakhtin e Lacan, autores que desenvolvem teorias de raízes e consequências diferenciadas. Para Bakhtin, a noção de "outro" recobre os *outros discursos* constitutivos do discurso; o *outro da interlocução* cuja compreensão responsiva é pressuposta pelo sujeito que toma a palavra; e o *superdestinatário*, um terceiro invisível, situado acima de todos os participantes do diálogo.

Já Lacan distingue um "outro" que é da ordem de uma alteridade radical, "espaço aberto de significantes que o sujeito encontra desde seu ingresso no mundo";[9] e um "outro", definido como outro imaginário, lugar da alteridade especular. Com essa convenção de escrita, o autor quer mostrar que, além das representações do eu, especulares ou imaginárias, o sujeito é determinado por uma ordem simbólica – o significante, a lei, a linguagem, o inconsciente – designada como "lugar do outro" e perfeitamente distinta do que é do âmbito de uma relação com o parceiro imaginário, o "outro".[10]

O fato de Lacan ter situado a questão da alteridade na perspectiva de uma determinação inconsciente torna sua concepção de "outro" crucialmente distinta da de Bakhtin. Authier-Revuz (1982) destaca essa diferença dizendo que esse "outro" do inconsciente, do imprevisto do sentido, abre nos processos discursivos uma heterogeneidade de outra natureza em relação a que estrutura o discurso em Bakhtin. Os dois autores não são, portanto, articuláveis. Ao apoiar-se neles, a autora, segundo suas próprias palavras, contenta-se em justapô-los.

Posteriormente, Authier-Revuz retoma a questão das heterogeneidades sob a denominação de *não coincidências* (1995). Nesse momento, ela mantém a referência a Lacan e acrescenta ao dialogismo bakhtiniano, como ponto de apoio para a análise das não coincidências do discurso com ele mesmo, a noção de *interdiscurso* de Pêcheux, a partir dos deslocamentos que o autor imprimiu à sua teoria nos textos que configuram o que ele próprio nomeou como terceira época da análise do discurso (*AD3*).[11] O domínio do interdiscurso diz respeito à presença de um não dito, sem fronteira localizável que sempre-já constitui o discurso.

Aparentemente, a referência a Bakhtin e a Pêcheux recobrem o mesmo campo do *já-lá,* que preexiste ao sujeito e ao discurso. No entanto, as duas abordagens não se recobrem. Quando realizou deslocamentos em sua teoria, buscando seguir a direção das heterogeneidades apontada por Authier-Revuz, não foi ao dialogismo bakhtiniano que Pêcheux recorreu.[12]

A dupla referência ao dialogismo e ao interdiscurso não significa que Authier-Revuz esteja confundindo as duas abordagens. Na verdade, o apelo a Pêcheux dá-se em razão dos limites que, segundo a autora, a teoria bakhtiniana apresenta para o estudo dos fatos enunciativos que ela propõe. Ainda que reconheça a riqueza da abordagem dialógica – sobretudo no que diz respeito à relação com o já-dito – Authier-Revuz acha que a apreensão da heterogeneidade enunciativa esbarra aí em uma dupla surdez, relativa à língua como ordem própria e ao inconsciente.

A ideia de que Bakhtin negue lugar à matéria linguística na constituição do sentido[13] pode ser reavaliada (a esse respeito, ver capítulo "O dialogismo: Mikhail Bakhtin" deste livro). Já a psicanálise está mesmo ausente do horizonte de Bakhtin. Por mais longe que o reconhecimento da dimensão do "outro no um" possa assumir nas formulações desse autor, a clivagem do sujeito pelo inconsciente e sua heterogeneidade radical continuam estranhas à perspectiva dialógica. Bakhtin desconhece o inconsciente em suas considerações sobre o sujeito e o sentido. Se a palavra *inconsciente* aparece às vezes em seu texto "em nada lembra o conceito psicanalítico".[14]

Embora reconhecendo, em sua tese (1995), os limites do dialogismo bakhtiniano, Authier-Revuz não deixa de apoiar-se nele para explicar dois dos quatro tipos de não coincidência que descreve, em razão do modo esclarecedor pelo qual esse princípio inscreve "o outro no um", no plano da relação interlocutiva, de um lado, e no da relação do dizer com o já-dito em outros discursos, de outro.

Os aspectos que ela destaca como tendo sido "esquecidos" por Bakhtin estão presentes em Pêcheux, determinando o fato de a abordagem discursiva deste último poder constituir um "exterior de apoio" para o estudo da enunciação que ela propõe.[15] O Pêcheux a que Authier-Revuz recorre faz apelo explícito ao sujeito do inconsciente,[16] às categorias do real, do simbólico e do imaginário, ao par *langue/lalangue*,[17] não desconhecendo também a ordem própria da língua.

É preciso assinalar, no entanto, que não é na noção de *forma-sujeito*, como formulada por Pêcheux em *Les vérités de la palice* (1975),[18] a partir da concepção althusseriana de *interpelação*, que Authier-Revuz se apoia. A forma-sujeito reduz o sujeito ao imaginário, o que, para a autora, em certa medida, significa substituir o sujeito "pleno" das abordagens pragmático-comunicacionais/interacionais pela de "plena ilusão".[19] Recusando esses dois caminhos, Authier-Revuz convoca a psicanálise para propor uma noção de sujeito estruturalmente dividido, em que *moi*[20] é apenas uma instância, não menos estrutural, destinada a restaurar, no imaginário, a ilusão de unidade e de centro. O imaginário, que assegura para o sujeito a função de desconhecimento ou de equívoco, sem o qual ele não poderia "manter-se", é apenas essa "coisa vaga" de que é preciso desconfiar e que é necessário opor à consistência do real e à do simbólico.[21]

A pesquisa de Authier-Revuz inscreve-se no conjunto de estudos sobre a propriedade de reflexibilidade da linguagem – ou seja, a capacidade que ela tem de ser sua própria metalinguagem. Nesse campo abrangente e complexo, como vimos, a autora recorta um tipo particular de forma reflexiva, a *modalização autonímica*, que estuda fazendo intervir as exterioridades teóricas já referidas. Seu ponto de apoio, nesse empreendimento, é a descrição semiótico-linguística fornecida por Rey-Debove (1978) a respeito das formas da metalinguagem natural,[22] mais particularmente, aquelas da estrutura complexa da *conotação autonímica*, pela qual a "menção" duplica o "uso" que é feito das palavras. É importante destacar que Authier-Revuz se inscreve no campo aberto por Rey-Debove pela via de um deslocamento do ponto de vista semiótico para o enunciativo.

No texto de 1982,[23] Authier-Revuz diz que "o locutor faz uso das palavras inscritas no fio de seu discurso (sem a ruptura própria à autonímia) e, ao mesmo tempo, ele as mostra".[24] Sendo assim, sua figura normal de utilizador das palavras é desdobrada, momentaneamente, por uma outra figura, a de observador das palavras utilizadas; e o fragmento desta maneira designado marcado por aspas, itálico, uma entonação e/ou qualquer forma de comentário – recebe, em relação ao resto do discurso, um outro estatuto._

Abrimos um parêntese para explicar[25] o que se entende por autonímia/ conotação autonímica. "Tome um signo, fale dele e você terá uma autonímia", diz Rey-Debove.[26] Por exemplo, em *A palavra "árvore" tem três sílabas*, o locutor faz *menção* e não *uso* da palavra "árvore", configurando-se aí um caso de autodesignação do signo, que caracteriza a autonímia. No entanto, a autora não reduz esse fenômeno a ser um emprego *especial* "em menção", diferente do emprego *normal*, "em uso". Do signo comum (ou "em uso") ao signo autonímico (ou "em menção"), há a passagem de um signo de semiótica simples a um signo de semiótica complexa, ou seja, o signo autonímico é um outro signo, homônimo do primeiro, representando um todo com significante e significado. Observem-se os exemplos:

(1) Compor é difícil.

(2) "Compor" é uma palavra ambígua.

Em (1), *compor* é um signo simples cujo significante é /kõp'or/ e o significado é <compor>. Em (2), *compor* é um signo autonímico cujo significante é /kõp'or/ e cujo significado, equivalente à palavra *compor*, é formado pela associação do significante /kõp'or/ e do significado <compor>, como se o signo tivesse *dois andares*.[27] O significante é, segundo Rey-Debove, parte constitutiva do significado do signo autonímico e é por isso que ela atribui à autonímia um estatuto semiótico complexo.

As aspas em (2) indicam o caráter autonímico da palavra "compor", que figura, no enunciado, como um *corpo estranho*, um objeto *mostrado ao receptor*. Não é esse tipo de fenômeno que Authier-Revuz privilegia em seu estudo.

Compare-se o exemplo (3) a (1) e (2):

(3) É um "marginal", como dizemos hoje em dia.

Em (3), fala-se de "uma pessoa que vive à margem da sociedade" e, secundariamente, da palavra "marginal". Tem-se aí um caso em que a palavra torna-se o objeto do dizer ao mesmo tempo em que é utilizada: fala-se da "coisa" e simultaneamente da palavra pela qual se fala da "coisa", acumulando-se dois empregos: o uso e a menção. É esse fenômeno que Rey-Debove chama de *conotação autonímica*.

Relativamente à semiótica denotativa que fala do "mundo", como em (1), e à semiótica metalinguística, que fala do signo via autonímia, como em (2), a conotação autonímica aparece como uma estrutura em que se acumulam as duas semióticas, constituindo um *modo bastardo*,[28] em que se emprega e se cita o signo ao mesmo tempo, como no exemplo (3).

Em sua tese,[29] Authier-Revuz realiza um trabalho minucioso para especificar, no grande conjunto das formas da reflexibilidade metalinguística, o subconjunto da reflexibilidade do dizer sobre ele mesmo que singulariza as formas da modalidade autonímica, destacando três propriedades pelas quais elas podem ser descritas.

1. São formas *metaenunciativas*, isoláveis como tais na cadeia, caracterizando-se por referir um segmento que aí está dado. Vejam-se os exemplos:

(4) A palavra *caridade* vem do latim *caritas*.

(5) A palavra *caridade*, na acepção de Z, não era bem-vinda.

(6) Trata-se de falar agora sobre *caridade*, se é que a palavra convém.

O exemplo (4) apresenta um uso autonímico linguístico, em que a autonímia designa uma unidade da língua; em (5), trata-se de um uso metadiscursivo, em que a autonímia designa um segmento de discurso atribuído a um outro locutor. Somente em (6) o uso autonímico é metaenunciativo, porque aí a autonímia se inscreve no dizer de um enunciador, que enuncia a propósito de sua própria enunciação, duplicando-a. No imenso campo da autonímia, Authier-Revuz privilegia, então, o caso limite da conotação autonímica, em que o dizer, falando da coisa "caridade", conforme (6), duplica-se por uma representação desse dizer.

2. São formas estritamente *reflexivas* que correspondem ao desdobramento, no quadro de um ato único de enunciação, do dizer de um elemento por um comentário simultâneo desse dizer, que se dá nos limites da linearidade.

3. São formas *opacificantes* da representação do dizer, em que o elemento da enunciação ao qual elas aludem é um fragmento da cadeia que associa significado e significante – bloqueando a sinonímia – e não somente um conteúdo que poderia ter um sinônimo. Dito de outro modo, as formas da modalidade autonímica põem em jogo, na representação do dizer, "as palavras que se referem ao dizer". É essa interposição, no dizer, da consideração da forma pela qual ele é feito que Authier-Revuz chama de *opacificação*.[30]

Para colocar essa última e fundamental propriedade da modalidade autonímica, a autora apoia-se numa das três características essenciais da autonímia, conforme a descrição feita por Rey-Debove: o *bloqueio da sinonímia*.[31] Se o significante é parte constitutiva do significado do signo autonímico, nenhum outro signo pode ser considerado, com seu significante próprio, como tendo o mesmo significado. Sejam considerados os exemplos abaixo:

(7) A capital da França foi ocupada durante a
Paris última guerra.

(8) A capital da França é um grupo nominal
* Paris complexo.

Se em (7) "A capital da França" pode ser substituída por "Paris", em (8), isso não é possível. A autonímia, em sua estrutura semiótica, implica a irredutibilidade – a não transparência – do significante, ou seja, a opacificação.[32]

A utilização que as duas autoras fazem do termo *opacificação* provém da oposição transparência/opacidade referencial trabalhada pela reflexão filosófico-lógica. Authier-Revuz cita a apresentação dessa reflexão feita por Récanati.[33]

Esse autor distingue a concepção saussuriana de "signo" da concepção clássica, que faz do signo "uma coisa que representa outra coisa".[34] Refere o caráter "extremamente estreito e particular" da noção saussuriana, apelando aos dois domínios trazidos por Benveniste para a investigação linguística – o semiótico e o semântico – para enfatizar que a teoria do signo em Saussure ressalta o semiótico, enquanto a teoria clássica ressalta o semântico. Récanati considera que o *signo semiótico* e o *signo semântico* devem ser objeto de estudos independentes, atribuindo a pouca clareza que encontra na abordagem da questão, em parte, à falta dessa distinção. É sobre o *signo semântico* que ele desenvolve suas considerações. Vamos nos deter no que o autor traz, desde a filosofia moderna da linguagem, sobre o "duplo destino dos signos": a transparência e a opacidade.

O signo é como um vidro transparente que permite ver outra coisa além dele próprio e essa transparência vem do fato de representar a coisa significada sem ele mesmo se refletir nessa representação. No entanto, o signo pode também não remeter a outra coisa a não ser ele mesmo, perdendo a transparência que permitia ver a coisa através dele, sendo aí que se torna opaco. Em outras palavras, quando o locutor se serve do signo, fazendo *uso* dele, é transparente, pois, nesse caso, o que o signo é ele próprio como signo não aparece: o que aparece é a coisa significada. Inversamente, pode-se tratar o signo como coisa, *mencioná-lo*, colocá-lo entre aspas, opacificando-o.[35]

A partir da reflexão filosófica trazida por Récanati e das indicações presentes em Rey-Debove, Authier-Revuz diz que o signo comum é transparente porque, ao mesmo tempo em que se apaga diante da coisa nomeada, tolera a substituição sinonímica de um termo por outro. Já o signo autonímico é opaco, opacidade que resulta de uma *interposição*, no "trajeto" que leva à coisa designada, de uma consideração sobre o próprio signo. A autora restringe o uso do termo *opacificação* a esse fenômeno de *interposição*, que suspende a sinonímia, como na *menção* – emprego dito "opaco" do signo – mas não suspende a designação do objeto por intermédio do signo.[36]

Tanto Rey-Debove como Authier-Revuz analisam essa possibilidade de a palavra dobrar-se sobre ela mesma, ambas assinalando o efeito opacificante que a autonímia produz. No entanto, conforme foi dito, a perspectiva enunciativa de Authier-Revuz não se confunde com a de Rey-Debove, inscrita no campo da semiótica. Vejamos em que consiste essa diferença.

A passagem da conotação (Rey-Debove) à modalização autonímica (Authier-Revuz) não é uma simples troca de "etiqueta". O ponto de vista, em ambas as autoras, não é o mesmo, assim como também não é o mesmo o campo dos fatos cobertos por uma e outra dessas abordagens. Rey-Debove caracteriza a conotação autonímica, em termos de signo com conotação, como fato de polissemia. Para Authier-Revuz, a modalização autonímica é um fato de enunciação modalizado por uma representação opacificante. De acordo com a descrição que ela propõe, o dizer retorna reflexivamente sobre um ponto de seu desenvolvimento, para suspender *o* "que vai por si mesmo", sob o modo pelo qual parece dar-se normalmente a nomeação, inscrevendo nela explicitamente a *falta* por meio de um interrogação: *é esta a palavra?*; de uma crítica: *a palavra não convém*; de uma aceitação: *isto que eu chamarei [...] na falta de algo melhor*; de uma renúncia: *eu não encontro a palavra* etc.[37]

Pedretti (1996) ressalta que a perspectiva de Authier-Revuz, aparentemente, apresenta um problema de coerência interna. De fato, como conciliar um ponto de vista que preconiza a distinção entre *uso* e *menção* com um outro que afirma o caráter "fantasmático" da relação nome/coisa? Como conciliar um ponto de vista linguístico, necessariamente ancorado na distinção linguístico/extralinguístico, com um ponto de vista que ultrapassa essa partição? Na opinião de Pedretti, Authier-Revuz torna compatíveis as duas abordagens ao colocar dois níveis articulados: aquele do sistema da língua e aquele do real, "o primeiro não sendo senão o lugar de negociação imaginária dos impossíveis que o segundo constitui".[38]

A ideia de *negociação* está presente na teoria de Authier-Revuz desde o texto de 1982. Ao tentar compreender a função das formas da heterogeneidade mostrada no processo enunciativo como a emergência de um outro tipo de heterogeneidade, a constitutiva, a autora assinala que o contato entre elas não se faz por uma relação linear de um plano ao outro, ou seja, a heterogeneidade mostrada não é um espelho, dentro do discurso, da heterogeneidade constitutiva. Porém, elas não são *realidades* independentes, mas necessariamente solidárias e articuladas: as formas da heterogeneidade mostrada representam uma *negociação* obrigatória do sujeito falante com essa heterogeneidade que o constitui e que ele tem necessidade de desconhecer. Essa negociação assume a forma de uma *denegação* – no sentido freudiano[39] – na qual a "emergência pontual do *não um* é mostrada e ao mesmo tempo obturada".[40] Dito de outro modo, o sujeito, movido pela ilusão de ser o centro de sua enunciação e, ao mesmo tempo, impossibilitado de escapar da heterogeneidade que o constitui, abre em seu discurso espaço para o *não um*, por um processo que procura mostrar "como homogêneo o que é heterogêneo em sua essência".[41]

Em suma, ao mesmo tempo em que a heterogeneidade mostrada aponta para o caráter heterogêneo de toda enunciação, ela o nega, preservando assim o *fantasma da coincidência do um*, necessário para que um discurso possa ser produzido.

Sintetizando, pode-se dizer que as formas da modalidade autonímica de Authier-Revuz dividem a enunciação em dois territórios:

- aquele, transparente, do emprego *standard* das palavras – o território da *coincidência*;
- aquele da *inquietude crítica*, que "sente" um problema e em função disso não pode deixar a palavra "funcionar sozinha" – o território da *não coincidência*.

Essas formas remetem à negociação obrigatória dos enunciadores com as não coincidências ou as heterogeneidades que, constitutivamente atravessam o dizer, representando então um ponto de *não um* na produção do sentido.

Authier-Revuz é, acima de tudo, linguista, e com isso queremos dizer que ela toma para si a tarefa de expor as heterogeneidades/não coincidências enunciativas, mas não se coloca nem no campo da análise de discurso nem no da psicanálise, posição que vai se confirmando ao longo de sua obra, caracterizada por descrição pontual, minuciosa das formas da língua que apontam para a heterogeneidade constitutiva do sujeito e de seu dizer. Isto é: sua análise não se detém propriamente em verificar as repercussões não linguísticas da constituição do sujeito e do discurso pelo outro.[42]

No entanto, pela convocação que ela faz a Bakhtin/Pêcheux e a psicanálise freudo-lacaniana para promover o estudo da modalização autonímica, acaba operando na fronteira da linguística com outros saberes. Sua teoria enunciativa oferece uma descrição linguística que permite surpreender, no fio do discurso, a construção dos objetos discursivos, dos acontecimentos e dos lugares enunciativos, razão pela qual vem atraindo a atenção de estudiosos do discurso.

Algumas considerações precisam ser feitas em relação ao uso da teoria de Authier-Revuz, que busca fazê-la transcender a descrição enunciativa *stricto sensu*. A primeira delas diz respeito ao estatuto da noção de *heterogeneidade* em sua teoria.

A heterogeneidade de que fala a autora não se reduz somente à relação com outros discursos, mas alude toda forma de alteridade enunciativa, inclusive aquela que é da ordem do irrepresentável, que se "mostra" no plano enunciativo em pontos de "alteração" do dizer. Trata-se de uma heterogeneidade que se impõe ao dizer, abrindo nele próprio a falha de um *não um* constitutivo do *um*.

Além disso, muito se tem invocado Authier-Revuz sem contemplar o aspecto que confere singularidade a sua abordagem: a concepção psicanalítica de sujeito. É pela hipótese de um sujeito estruturalmente clivado que a relação entre a heterogeneidade mostrada e a heterogeneidade constitutiva é elaborada. Reiteradas vezes, a autora é enfática em mostrar que abordar a metaenunciação, *em sua discreta e insistente presença no fio do dizer,* supõe recusar tanto a ideia de um sujeito pleno, fonte intencional do sentido que ele exprime por meio de uma língua-instrumento,[43] quanto a concepção de um sujeito reduzido ao imaginário.

Essas concepções, segundo Authier-Revuz, apagam a especificidade significante das formas metaenunciativas e, consequentemente, tudo o que elas dizem da inscrição singular do sujeito na linguagem e que ele próprio ignora. No primeiro caso, as formas opacificantes da metaenunciação são remetidas ao automatismo desmotivado do fático ou tomadas como o resultado de um movimento que visa a evitar ambiguidades, prevenir conflitos com o outro, ou seja, como um jogo de imagens especulares nomeadas como estratégias interacionais.

O mesmo descaso pelas formas concretas da enunciação está na posição que reduz o sujeito ao imaginário (a forma-sujeito). Sob essa visão, diante dos processos discursivos-ideológicos que comandam, à revelia do sujeito, o seu dizer, as formas da enunciação – e da metaenunciação – são relegadas ao "magazine dos acessórios enganadores", como puras manifestações sem "espessura" da ilusão subjetiva e de seus artifícios, que "jogam" na superfície do dizer.[44]

Exatamente pelo chamamento que faz à noção psicanalítica de sujeito, a teoria de Authier-Revuz permite pensar os mecanismos da ilusão como parte da atividade enunciativa (contrariamente às posições comunicacional/interacional), sem reduzi-los a essa ilusão (contrariamente à posição inicial de Pêcheux). Para a autora, a opacidade é ela própria uma realidade. Essas formas de desdobramento metaenunciativo, tornando público para o enunciador a posição de controle sobre um dizer que lhe é, de fato, irrepresentável, aparecem como pontos privilegiados do imaginário na enunciação. Portanto, trata-se de "levá-las a sério", relacionando o que literalmente elas dizem ao que o sujeito diz, através delas, de sua relação com a linguagem.

Tomar as formas metaenunciativas ao pé da letra é deixar-se surpreender pela extrema variedade de "figuras" pelas quais o dizer localmente manifesta alguma coisa do outro/"outro", das não coincidências que o constituem.

Enfim, apoiando-se na psicanálise, Authier-Revuz tenta identificar de que negociação imaginária com o *real* o fato observável (no caso, a metaenunciação) é a marca. A vantagem de sua abordagem é a de conferir uma espessura ao sujeito enunciador, não reduzido à ilusão subjetiva plena. A atenção dada ao fio do discurso revela que a autora não desconhece o peso do imaginário na constituição do sujeito, sem, no entanto, tomá-lo apenas por esse registro.

Notas

[1] J. Authier-Revuz, Palavras incertas: as não coincidências do dizer, Campinas, Ed. Unicamp, 1998, p. 16.

[2] Cf. conferência "Langue/Discours: clivages théoriques et incidences sur la description (exemples dans le champ méta-langagier)", proferida por Authier-Revuz em 16 de janeiro de 1998. A conferência (rue St.

Jacques, 45, sala M) integrou o seminário RES (Recherche en Énonciation et Sense) sobre questões de semântica e enunciação, ministrado por J. Authier-Revuz e B. Bosredon (Centre de Linguistique Française, Sorbonne Nouvelle – Paris III) no segundo semestre de 1998.

[3] J. Authier-Revuz, op. cit., p. 166.

[4] Idem, p. 20.

[5] Idem, p. 14.

[6] Traduzido para o português por Alda Scher e Elsa Maria Nitsche Ortiz e publicado em Authier-Revuz, Entre a transparência e a opacidade: um estudo enunciativo do sentido, Porto Alegre, EDIPUCRS, 2004a.

[7] J. Authier-Revuz, Hétérogénéité montrée heterogéneité constitutive: éléments pour une approuche de l'autre dans le discour, em D. R. L. A. V., n. 26, Paris, 1982, p 100. As citações referentes a esse texto de 1982, utilizadas neste capítulo, foram traduzidas por nós.

[8] M. Bakhtin, Questões de literatura e estética, São Paulo, Hucitec, 1993, p. 89.

[9] M. Andrès, O outro, em Pierre Kaufmann, Dicionário enciclopédico de psicanálise: o legado de Freud e Lacan, Rio de Janeiro, Jorge Zahar, 1996, p. 385.

[10] R. Chemama, Dicionário de psicanálise, Porto Alegre, Artes Médicas, 1995, p. 156.

[11] Esses textos são: "Sur la (dé-)construction des théories linguistiques" (1982), traduzido para o português por Faustino Machado da Silva e publicado em Cadernos de Tradução (n. 4, out. 1998), Instituto de Letras da UFRGS; "A análise de discurso: três épocas" (1983, publicado em português em 1993); "O discurso: estrutura ou acontecimento" (1983, publicado em português em 1990).

[12] No livro que escreve com Gadet, publicado em português pela Editora Pontes, em 2004, Pêcheux faz breve referência a *Marxismo e filosofia da linguagem*, obra considerada por ele mais razoável e menos fechada à ordem específica da linguagem, se comparada à perspectiva de um autor como Marr. Além disso, há, na mesma obra, uma citação sobre o riso, retirada de L'oeuvre de François Rabelais, obra de Bakhtin, publicada no Brasil em 1987 (cf. bibliografia.).

[13] Na opinião de Brait (2001), os comentários de Authier-Revuz relativos ao trabalho do Círculo de Bakhtin nem sempre são justos. A própria Authier-Revuz desculpa-se de antemão pelos eventuais tropeços de leitura, acentuando o fato de não ser uma especialista.

[14] M. Amorim, O pesquisador e seu outro: Bakhtin e as ciências humanas, São Paulo, Musa, 2001, p. 159. No entender de Amorim, o estatuto do sujeito presente nas ideias bakhtinianas, diferentemente daquele da psicanálise, não autoriza que se pense a relação constitutivo/representado como da ordem da negociação e das formas discursivas da ilusão subjetiva.

[15] J. Authier-Revuz, Ces mots qui ne vont pas de soi: boucles réflexives e non-coïncidences du dire, Paris, Larrousse, 1995, p. 94.

[16] O quadro epistemológico da análise do discurso é atravessado por uma teoria da subjetividade de natureza psicanalítica (cf. Pêcheux e Fuchs, 1975, publicado em português em 1993).

[17] Ver J. C. Milner, O amor da língua, Porto Alegre, Artes Médicas, 1987.

[18] Publicado no Brasil, em 1988, com o título *Semântica e discurso: uma crítica à afirmação do óbvio*.

[19] Para uma crítica à noção de forma-sujeito, ver também: M. Teixeira, Análise de discurso e psicanálise: elementos de uma abordagem do sentido no discurso, Porto Alegre, EDIPUCRS, 2000. Ver: E. Roudinesco, Jacques Lacan: esboço de uma vida, história de um sistema de pensamento, São Paulo, Companhia das Letras, 1994, pp. 131-274.

[20] Lacan subdivide o "eu" ("ich" freudiano) em "moi" (imaginário) e "je" (enunciativo). O "moi" é o lugar imaginário de todas as resistências, instância de desconhecimento e ilusão e o "je" é o veículo de uma fala, indicação de uma posição de realidade do sujeito.

[21] J. Authier-Revuz, "Musiques meta-énonciatives: le dire pris à sés mots", em Marges linguistiques, 2004b, disponível em <http:www.marges-linguistiques.com>, Saint-Chamas (France).

[22] Ver: J. Rey-Debove, Le métalangage, Paris, Le Robert, 1978. A metalinguagem natural, oposta à metalinguagem formalizada, segundo Rey-Debove, não é outra coisa senão "nosso discurso familiar cotidiano sobre a linguagem, notadamente sobre a palavra do outro" (p. 17).

[23] J. Authier-Revuz, op. cit, 1982.

[24] Idem, p. 92.

[25] Teixeira, op. cit., pp. 131-69.

[26] Rey-Debove, op. cit., p. 144.

[27] J. Authier-Revuz, op. cit, 1995, p. 30.

[28] Cf. Rey-Debove, op. cit., p. 254.

[29] Cf. Authier-Revuz, op. cit., pp. 3-45.

[30] Idem, p. 25.

[31] As outras duas são: o signo autonímico (1) tem uma estrutura semiótica complexa; (2) é marcado por um estatuto morfossintático particular (idem, pp. 27-9).

[32] Idem, p. 25.

[33] F. Récanati, La transparence et la énonciation, Paris, Seuil, 1979, pp. 15-47.

[34] Idem, pp. 15-6.

[35] Idem, pp. 44-5.

[36] J. Authier-Revuz, op. cit., 1982, p. 32.

[37] J. Authier-Revuz, "Falta do dizer, dizer da falta", em Eni Pulccinelli Orlandi (org.), Gestos de leitura, Campinas, Ed. Unicamp, 1994, p. 255.

[38] B. Pedretti, Effets de référentialité et logique identitaire (français/non français): Analyses discursivo-énonciatives, Thèse pour le doctorat, Direction J. Authier-Revuz, Paris, Université de la Sorbonne Nouvelle – Paris III, 1996, pp. 118-9.

[39] Pelo mecanismo da denegação, o sujeito rejeita um pensamento por ele enunciado, negando-o, ou seja, ele nega qualquer articulação entre si mesmo e um conteúdo que ele exprime (Kaufmann, 1996, p. 356).

[40] F. Settineri, Quando a linguagem tropeça: heterogeneidade e ruptura na clínica psicanalítica: a presença do outro na fala do analisante, Porto Alegre, PUCRS, 1997, p. 17, Projeto de tese de Doutorado.

[41] Idem, p. 19.

[42] J. Authier-Revuz, op. cit.,1995, pp. 59-60.

[43] Ou aquele que "gerencia" em uma interação comunicacional

[44] J. Authier-Revuz, op. cit., 2004b.

Das principais intersecções: relações entre linguística da enunciação e outras áreas

É difícil precisar as interfaces que os estudos de enunciação têm mantido com as diferentes áreas da linguística e do conhecimento. Não se trata, portanto, de fazer aqui uma lista exaustiva desses diálogos, tampouco de fornecer críticas a respeito desses trabalhos. Nossa intenção é bem mais simples: dar ao leitor uma imagem, mesmo que genérica, das potencialidades que a linguística da enunciação tem e, principalmente, das (inter)relações que vem mantendo com algumas disciplinas.

Não faremos comentários apreciativos a respeito da forma como os conceitos oriundos das diferentes teorias da enunciação foram incorporados aos domínios específicos, já que isso transcenderia o caráter introdutório deste livro. Estaremos, pois, limitados às referências encontradas, algumas vezes de maneira bem esparsa, em algumas leituras feitas.

Enunciação e literatura

Não é de hoje a interação entre enunciação e literatura. Essa relação deve, sem dúvida, figurar entre as mais férteis em termos de produção teórica. Articular os mecanismos de enunciação com a linguagem literária constitui propriamente o objetivo de alguns autores antes estudados e pode ser verificado em trabalhos clássicos como os de Bally, de Jakobson e de Bakhtin. Em todos, percebe-se constante presença do texto literário como objeto de análise.

As vozes dos personagens, autores e narradores sempre tiveram lugar na reflexão linguística. Talvez por isso Roland Barthes também mereça figurar entre aqueles que, mesmo que indiretamente, refletem sobre a enunciação literária.[1] Atualmente, vale lembrar algumas obras de Maingueneau, entre elas: *Approche de l'énonciation en linguistique française: embrayeurs, temps, discours rapporté* (1981); *Elementos de linguística para o texto literário* (1996) e *Pragmática para o discurso literário* (1996). No Brasil, Fiorin (1996), com o seu *As astúcias da enunciação: as categorias de pessoa, espaço e tempo,* também se vale do texto literário para ilustrar muitas das propriedades enunciativas que desenvolve, encadeando-as com elementos oriundos da semiótica greimasiana.

Dessa intersecção, uma questão parece estar por ser desenvolvida ainda com mais propriedade, qual seja: em que sentido a análise enunciativa pode algo dizer das dimensões estéticas do texto literário? Bakhtin elabora uma resposta baseado no conceito de polifonia, aplicando-o à obra de Dostoievski. No entanto, esta não é a única resposta possível e outras podem ser ensejadas tomando por base outros referenciais teóricos.

Enunciação e Filosofia

Os trabalhos voltados para enunciação têm forte ligação com a Filosofia. Personalidades como Paul Ricoeur[2] e Michel Foucault,[3] cada um a seu modo, dedicam capítulos inteiros de obras suas para discutir problemas de enunciação com referência direta a alguns dos autores apresentados nos capítulos deste livro. Isso se deve, ao menos, a um motivo: a linguística, em alguns momentos, forneceu a ancoragem metodológica que a filosofia procurava para contemplar o sujeito na linguagem.

Porém, os autores da linguística da enunciação têm forte ligação com questões filosóficas (referência, sentido etc), especialmente a partir da pragmática, chegando mesmo a se confundir com ela em determinadas épocas da história do pensamento linguístico. Prova disso é a lembrança de Benveniste a Morris[4] e a Austin, assim como a discussão estabelecida por Ducrot com a teoria lógica da linguagem e com a teoria dos atos de fala.[5] No Brasil, é exemplar a publicação do volume quatro dos *Fundamentos metodológicos da linguística* de M. Dascal, em 1982, dedicado à pragmática, o qual inclui, além de escritos de Bar-Hillel, Grice, Stalnaker e Hockett, o texto *A natureza dos pronomes,* de Benveniste.

No entanto, uma diferença epistemológica fundamental se apresenta entre esses dois domínios – enunciação e pragmática –, qual seja, a concepção de sujeito. Nas teorias enunciativas, a questão da significação da linguagem recoloca a problemática do sujeito e de sua representação linguística, ao passo que nos estudos pragmáticos é o sujeito como intenção expressa em uma perspectiva de ação que é contemplado.

Enunciação e psicanálise

Um dos terrenos mais promissores dos estudos enunciativos é a sua relação com a psicanálise freudo-lacaniana. Inúmeros trabalhos têm atualmente tematizado as articulações do sujeito que enuncia com o princípio do inconsciente. Com Lacan "a delicada questão da enunciação [...] tornar-se-á central na psicanálise".[6] Ele dedica à díade enunciado/enunciação[7] espaço em diferentes momentos de sua obra.

Talvez, quanto à relação da linguística da enunciação com a psicanálise, seja mais correto situá-la no interior de uma perspectiva maior, ou seja, da própria linguística com a psicanálise.[8] Trabalhos como os de Michel Arrivé,[9] Jean-Claude Milner[10] e Jacqueline Authier-Revuz (cf.capítulo anterior) tematizam isso com propriedade.[11]

Enunciação e análise de discurso

Campo não menos complexo é o da intersecção entre a linguística da enunciação e a análise de discurso de linha francesa. Não podemos fazer aqui mais que esboçar esse ponto, sublinhando que todos os autores antes apresentados, alguns mais outros menos, são referidos na bibliografia dos analistas de discurso.

Maldidier, Normand & Robin traçam um percurso bastante detalhado da inserção dos problemas de enunciação na discussão em torno do discurso. Conforme as autoras, "as pesquisas efetuadas permitiram, a partir do estudo das marcas enunciativas, colocar os rudimentos de uma tipologia dos discursos".[12] Porém, sublinham que "as perspectivas abertas pelo conceito de enunciação não podem, entretanto, deixar que se esqueçam a insuficiência de sua elaboração teórica e as dificuldades que ela apresenta".[13] Entre essas insuficiências, sem dúvida, pode-se enfatizar a própria ambiguidade do conceito de enunciação, a diferença entre enunciação e o conjunto de características da significação. Além dessas, há a principal: a crítica à noção de sujeito e o seu não rompimento com a dicotomia língua/fala.

Segundo a maioria dos analistas de discurso, subjaz às teorias da enunciação um conceito idealista de sujeito preso ainda à proposta psicologizante:

> [...] podemos [...] formular a hipótese de que o destino da enunciação traçado por Pêcheux em AAD69, evocada somente pelos problemas de código para registro da superfície, deve algo ao rigor de suas posições teóricas sobre a questão do sujeito. Pêcheux pressentiu que uma certa leitura de Benveniste poderia conduzir ao que P. Kuentz chamou *a operação de salvamento do sujeito*.[14]

Não discutiremos aqui se esse entendimento se justifica ou não quando remetido às teorias da enunciação, em especial à teoria de Benveniste,[15] no entanto, alertamos para o fato de que estudar a enunciação exige que se coloque o sujeito em um quadro intersubjetivo da linguagem, no qual este se constitui pela correferência dialética com o outro.

Enunciação e patologia da linguagem

Campo de recente desenvolvimento, em especial no Brasil, é o que busca relacionar aspectos da linguística ao estudo das diferentes patologias da linguagem.[16] O princípio, nesse caso, é considerar que os estudos do sintoma na linguagem devem necessariamente advir de uma reconfiguração epistemológica da linguística, a fim de que esta possa dizer algo a respeito do sintoma. Em linhas gerais, podemos dizer que a linguística própria ao estudo da patologia de linguagem deve incluir dois redimensionamentos em sua configuração epistemológica: a) da concepção de objeto, para que a patologia possa integrá-lo como um interrogante; b) da concepção de teoria, já que o objeto passa a ser concebido como estruturalmente marcado por relações (normal/patológico, por exemplo) que demandam um quadro teórico singular.[17] Trata-se de uma área que, devido à sua natureza interdisciplinar, tem interessado, além de a linguistas, a profissionais atuantes nas diferentes clínicas que relevam da linguagem: fonoaudiologia, psicanálise, psicologia, psicopedagogia, entre outras.

Enunciação e descrição linguística

O estudo das relações entre o campo da enunciação e o delineamento da estrutura da língua em situações de uso tem se mostrado bastante fértil. Vale ressaltar que se trata de uma abordagem que busca interfaces entre os estudos enunciativos e os níveis sintático, morfológico e fonológico da língua. Recupera-se, nessa perspectiva, a vocação descritivista das teorias da enunciação, herdada de Saussure.[18]

Enunciação, linguagem e trabalho

A abertura dos estudos enunciativos a outros campos de investigação pode ser igualmente atestada no conjunto de reflexões sobre a articulação linguagem/trabalho,[19] que vêm sendo desenvolvidas, especialmente na França e no Brasil. Grande número de estudiosos que tomam como tema essa articulação constroem interlocução entre abordagens enunciativas da linguagem com diferentes domínios (Filosofia, Sociologia, Ergonomia, Economia, Psicologia) para o desenvolvimento de suas pesquisas. É o caso de D. Faïta, que utiliza a teoria dialógica do discurso de orientação bakhtiniana para estudar as práticas linguageiras em situação de trabalho. Particularmente, dedica-se à elaboração de uma metodologia de análise da atividade, diretamente articulada com os ambientes e com as situações de trabalho.[20]

Enunciação e texto

Destacamos também os trabalhos[21] que buscam encontrar na semântica argumentativa, tal como foi desenvolvida por Oswald Ducrot e sua equipe, elementos para pensar a construção do sentido no enunciado a partir de sua inserção no texto. O que se propõe, nesse caso, é tomar como objeto de estudo o enunciado, não visto isoladamente, como unidade de sentido, mas como subunidade no texto, com relações internas entre seus segmentos e relações externas com outros enunciados no texto. Tais trabalhos interessam-se tanto pela identidade do enunciado no conjunto do texto quanto pela construção do sentido que a sucessão de enunciados, nas relações que mantêm entre si, produz nesse âmbito mais amplo.

Finalmente, vale lembrar que algumas perspectivas da linguística textual recorrem aos mecanismos enunciativos (polifonia, intertextualidade, dêiticos etc.) para abordar questões referentes à problemática do texto.[22]

Notas

[1] Em especial: R. Barthes, O prazer do texto, Lisboa, Edições 70, 1974; Lição, Lisboa, Edições 70, 1978.

[2] P. Ricoeur, O si-mesmo como um outro, Campinas, Papirus, 1991.

[3] M. Foucault: A arqueologia do saber, Rio de Janeiro, Forense Universitária, 1987; A ordem do discurso, São Paulo, Loyola, 1996.

[4] "[...] o enunciado que contém eu pertence a esse nível ou tipo de linguagem a que Charles Morris chama pragmático" (1988, p. 278).

[5] É constante a referência de Ducrot a Frege, Russel, Strawsson, Austin, Searle, Récanati, Wittgenstein, Sperber & Wilson, entre outros.

[6] J. Dor, Introdução à leitura de Lacan: o inconsciente estruturado como linguagem, Porto Alegre, Artes Médicas, 1991, p. 36.

[7] Apenas para ilustrar, citamos as seguintes obras de J. Lacan: "Subversão do sujeito e dialética do desejo no inconsciente freudiano", "Posição do inconsciente", "O seminário sobre a carta roubada", "Função e campo da fala e da linguagem em psicanálise", "A instância da letra no inconsciente", todos em Escritos, Rio de Janeiro, Jorge Zahar, 1998; O seminário xx: mais, ainda, Rio de Janeiro, Jorge Zahar, 1981.

[8] Ver Flores, Linguística e psicanálise: princípios de uma semântica da enunciação, Porto Alegre, EDIPUCRS, 1999.

[9] M. Arrivé: Linguística e psicanálise: Freud, Saussure, Hjelmslev, Lacan e outros, São Paulo, Edusp, 1994; Linguagem e psicanálise, linguística e inconsciente, Rio de Janeiro, Jorge Zahar, 1999.

[10] J. C. Milner: O amor da língua, Porto Alegre, Artes Médicas, 1987; A obra clara: Lacan, a ciência, a filosofia, Rio de Janeiro, Jorge Zahar, 1996.

[11] No Brasil, vale lembrar: V. Flores, op. cit.

[12] D. Maldidier; C. Normand e R. Robin, "Discurso e ideologia: bases para uma pesquisa", em E. P. Orlandi (org.), Gestos de leitura: da história no discurso, Campinas, Ed. Unicamp, 1994, p. 73.

[13] Idem, p. 74.

[14] D. Maldidier, "Elementos para uma história da análise do discurso na França", em E. P. Orlandi (org.), op. cit., p. 22.

[15] Essa discussão é feita em Flores, op. cit.

[16] No Brasil, há os trabalhos de Lier De-Vito do setor de Patologia da Linguagem da DERDIC (PUC-SP) que, a partir das teses de Cláudia de Lemos para a aquisição de linguagem, propõe uma abordagem inovadora para os estudos da patologia da linguagem, ainda que não sob a ótica enunciativa. Ver, em especial, C. Lemos: "A sintaxe no espelho". Cadernos de Estudos Linguísticos, Campinas, Unicamp, n. 10, pp. 5-15, 1986a; "Interacionismo e aquisição da linguagem", em Delta, São Paulo, v. 2, n. 2, pp. 231-48, 1986b; "Os processos metafóricos e metonímicos como mecanismos de mudança", em Substratum: mecanismos de mudanças linguísticas e cognitivas, Porto Alegre, Artes Médicas,v. 1, n. 3, 1998; Em busca de uma alternativa à noção de desenvolvimento na interpretação do processo de aquisição da linguagem, Relatório de produtividade em pesquisa (CNPq), Campinas, Unicamp/IEL. Ver ainda M. F. Lier-De Vitto: Fonoaudiologia: no sentido da linguagem, São Paulo, Cortez, 1994; Novas contribuições da linguística para a Fonoaudiologia, em Distúrbios da comunicação, São Paulo, n. 7, v. 2, pp. 163-71, dez. 1995; Os monólogos da criança: delírios da língua, São Paulo, Educ, 1998a; The symptomatic status of symptoms: pathological errors and cognitive approaches to language usage, Comunicação em Painel no 7° International Pragmatics Conference (Budapeste, Hungria.).

[17] Com relação à enunciação e as patologias de linguagem, ver V. do N. Flores: "Por que gosto de Benveniste?", em Letras de Hoje, Porto Alegre, EDIPUCRS, n. 138, 2004; "A linguística na clínica de linguagem", em 6º ENAL – Encontro Nacional sobre Aquisição de Linguagem, Porto Alegre, 2003. V. do N. Flores e L. M. Surreaux, "O sintoma de linguagem na escola: a heterogeneidade de um campo", em Ciências e Letras, Porto Alegre, FAPA, n. 35, 2004. L. M. Surreaux, "Benveniste, um linguista que interessa à clínica de linguagem", em Letras de Hoje, Porto Alegre, EDIPUCRS, n. 138, 2004.

[18] O n. 138 da revista Letras de Hoje (EDIPUCRS, dez. 2004) apresenta um bom número de textos que tematizam essa abordagem no campo da enunciação. Ver, em especial, na revista, os estudos de Lichtenberg, Santos, Silva, Borges, Weigert, entre outros.

[19] O afluxo de preocupações em torno da temática linguagem e trabalho vem produzindo grande número de pesquisas em que a linguagem é tomada como elemento essencial na construção da ação e da significação, na afirmação de identidades profissionais, no planejamento, na coordenação, na negociação das atividades e tomadas de decisão (Faïta, 2002). As investigações variam entre tomar por objeto o próprio funcionamento da linguagem na atividade ou as condutas dos atores e seus efeitos.

[20] No Brasil, as contribuições de D. Maingueneau, M. Bakhtin, O. Ducrot, É. Benveniste, J. Authier-Revuz vêm sendo utilizadas pelo grupo Atelier, voltado à análise de situações de trabalho, visando a compreender e transformar as situações analisadas (cf. Di Fanti, 2004). Esse grupo originou-se de intercâmbio de pesquisadores brasileiros e franceses e da assinatura de acordo de cooperação interuniversidades e da celebração de acordo bilateral Capes-COFECUB (universidades de Provence e Rouen/PUC-SP, PUC-Rio e UFRJ), materializado no projeto "As atividades de linguagem em situação de trabalho". Desde sua constituição, em meados da década de 1990, o ATELIER teve seu número de pesquisadores ampliado pela adesão de outras universidades (UERJ, Unisinos, UFMT, entre outras) e conta com sólida produção na área. Para tomar contato com o trabalho do grupo, indicamos a leitura de Souza-e-Silva e Faïta (orgs.), 2002 (cf. bibliografia).

[21] Ver L. Barbisan: A construção da argumentação no texto, em Letras de Hoje, Porto Alegre, v. 37, n. 3, dez. 2002, pp. 135-47 ; "O enunciado no texto", em Anais do Congresso Internacional "La argumentación" Buenos Aires, 2003. CD-rom.

[22] No Brasil são importantes: I. Koch, Argumentação e linguagem, São Paulo, Cortez, 1984; I. Koch, A coesão textual, São Paulo, Contexto, 1989; I. Koch e L. C. Travaglia, Texto e coerência, São Paulo, Cortez, 1989.

Questões-chave da linguística da enunciação

Depois da incursão em diferentes teorias da enunciação, talvez seja o momento de tentar responder a algumas questões cruciais para o campo da enunciação.

Bally fala de *modus* e *dictum* no quadro de sua estilística; Jakobson fala das funções da linguagem e dos *shifters* no escopo da teoria da comunicação; Benveniste dos *indicadores de subjetividade* e do *aparelho formal de enunciação*; Ducrot da polifonia integrada à concepção da argumentação na língua; Bakhtin das formas de apresentação da voz de outrem no quadro do dialogismo e Authier-Revuz das *não coincidências* do dizer concernentes ao campo da enunciação e da metalinguagem. Parece difícil, em meio a tantos temas e abordagens diferenciadas (que esta introdução não faz mais que assinalar a complexidade), pensar que existe algo comum a todas as teorias apresentadas. Acreditamos que não é necessário enfatizar que cada autor recorre a campos diversos e que imprime o seu modo de ver à enunciação. No entanto, insistimos no caráter de unidade dessas pesquisas a ponto de autorizar a postulação de uma linguística da enunciação.

O primeiro ponto a considerar é que todos os autores sumariamente lembrados desenvolvem um trabalho que é, antes de tudo, um estudo da semântica da língua. Então é a linguística da enunciação uma semântica? A resposta a essa questão depende de respostas a outras questões.

A linguística da enunciação constitui um campo científico de estudos?

O primeiro cuidado que se deve ter é com a multiplicidade de sentido que determinados termos podem adquirir em função do contexto teórico em que são utilizados. Entre esses, sem dúvida, *linguística* e *científico* são dos mais problemáticos, mas também há *língua* e *linguagem*.[1] A questão fica mais complexa se a busca por esclarecimento levar o aluno a pesquisar em livros de introdução à linguística, os chamados *manuais*.

A sensação que se tem ao ler esses livros é a de que existe efetivamente uma definição que poderia ser concebida como verdadeira e única para cada termo. No que diz respeito especificamente ao termo *linguística*, a definição recorrente é considerá-la *a ciência que estuda a linguagem humana* – encontra-se também o *estudo da língua* ou *do sistema linguístico*.[2] Em linhas gerais, o que se percebe é a atribuição do qualificativo *científico* à palavra *linguística* acompanhado de algum restritivo (da língua, da linguagem, do sistema etc.). Mesmo que essas definições não possam ser consideradas, em tese, erradas – sempre se pode encontrar um exemplo que nelas se encaixe? – elas parecem conduzir à conclusão de que a linguística é uma área do conhecimento que se sustenta em uma teoria homogênea capaz de dizer o que é e o que não é ciência.[3]

Essa conclusão é efeito da ilusão de unicidade conceitual presente em afirmações genéricas, tão comuns em bibliografias introdutórias. O leitor é conduzido a pensar que *ciência* e *linguagem*, apenas para citar esses, são conceitos unânimes e únicos. O que, absolutamente, não são.

Acresce-se a isso a ignorância de noções mínimas de epistemologia. O que é científico para um gerativista com certeza não o é para um estruturalista, nem mesmo para um funcionalista. Um dado linguístico, certamente, receberá tratamento diferenciado conforme a linha teórica a partir da qual seja abordado.

Enfim, mesmo que se reconheça a importância de trabalhos introdutórios para fins didáticos, chamamos a atenção para um ponto: as introduções à linguística promovem uma imagem de homogeneização do fenômeno da linguagem e, consequentemente, de homogeneização da linguística. E, a experiência é rica em exemplos, não é preciso ir muito longe no estudo da área para se descobrir que *a* linguística, como campo homogêneo de estudo da linguagem, é uma ficção. A prova disso é a proliferação de conceitos, de métodos e de objetos de tal forma que se pode duvidar que *o* linguista – se é que ele existe ainda – possa dar conta de tamanha diversidade. Talvez isso explique a popularização da expressão *estudos da linguagem* para designar o campo que antigamente ninguém hesitava em chamar de *linguística*.[4]

É retrato da situação atual da linguística, ainda, a oscilação conceitual de termos como *discurso, texto, enunciado, enunciação, sentença*, apenas para citar os mais comuns. Há tantas definições quantas teorias e, em alguns casos, há variação até mesmo entre os autores de uma mesma linha teórica. A linguística da enunciação não escapa a isso.

A situação se agrava quando o leitor facilmente percebe que há entre os profissionais da área muito preconceito sobre o que pode (ou não) ser considerado *a* linguística, já que desde Saussure ela é, ou deveria ser, uma ciência. A pergunta a ser feita aqui é: o que se entende pela palavra *ciência*, neste contexto? Certamente, a concepção de ciência que interessa a uma área do conhecimento pode não ser a que interessa a outros setores.

Portanto, a resposta adequada à questão que intitula este item não pode ser diretiva. Ser científico é uma questão de ponto de vista. Evidentemente, a linguística da enunciação não pode ser avaliada com os padrões de cientificidade referentes a uma linguística gerativa, por exemplo. E isso ao menos por um motivo: ela inclui em sua reflexão as questões relativas à subjetividade, ponto este excluído por princípio das linguísticas formalistas.

Para definir bem nossa posição, utilizaremos aqui os termos *um* e *não um*, retirados de Milner (1987),[5] a fim de nomear a oposição que estamos pretendendo formular: ao *um* pertencem as linguísticas que não consideram o sujeito da enunciação; ao *não um*, o que temos chamado de linguística da enunciação. Temos consciência do distanciamento que esta conceituação dos termos mantém da que foi feita por Milner e do reducionismo implicado na dicotomia que propomos, já que colocamos sob o mesmo rótulo – o do *um* – perspectivas bem diferentes entre si. No entanto, gostaríamos de formular dois argumentos em favor dessa divisão: o primeiro diz respeito ao fato de ser uma divisão meramente metodológica, sem validade para além dos limites deste livro, portanto, seu valor é mais o de possibilitar a formulação de um esboço didático; o segundo diz respeito propriamente ao critério utilizado: se o que caracteriza a linguística da enunciação é a abordagem do fenômeno enunciativo na linguagem desde um ponto de vista que considere o sujeito que enuncia, nada mais óbvio que separá-la das demais abordagens a partir deste critério. Acrescentamos, ainda, que apenas tomamos emprestados os termos *um* e *não um* presentes no *Amor da língua*, de Milner, sem que, com isso, estejamos imputando ao autor nossas próprias formulações.[6]

Assim, tal como apresentamos a dicotomia, é possível ver que o paradigma epistemológico é completamente diferente em um caso e em outro. Nas linguísticas do *um* a exclusão da subjetividade permite a apreensão do fenômeno da linguagem no quadro da repetibilidade. Em outras palavras, é objeto de estudo aquilo que se repete, seja aspectos universais, funcionais, contextuais etc. Até mesmo quando os dados minoritários são considerados – casos de estatísticas irrelevantes, por exemplo –, ou quando o enfoque dos dados é longitudinal, o que é visado é a inclusão do estudo em um prisma que permita quadros comparativos. Assim, um estudo de aquisição de linguagem com dados longitudinais contém em si mesmo o princípio da comparação com outros dados da mesma natureza. Ou também um estudo variacionista, ainda que considere índices estatísticos ínfimos como indício de mudança, refere-os ao conjunto das mudanças.

Na linguística da enunciação, nada de semelhante acontece. Trata-se da abordagem de um objeto no qual se inclui o sujeito, portanto, algo do campo da irrepetibilidade. A enunciação é sempre única e irrepetível, porque a cada vez que a língua é enunciada tem-se condições de tempo (agora), espaço (aqui) e pessoa (eu/tu) singulares. Assim, cada análise da linguagem é única também. É da ordem do repetível apenas a organização do sistema da língua. Por exemplo, quando Émile Benveniste, em o *Aparelho formal da enunciação*, estabelece as marcas (o aparelho) que possibilitam a enunciação da língua pelo sujeito, ele demonstra na estrutura da língua quais são esses mecanismos, ao menos para o francês: o tempo dos verbos, a pessoa nos pronomes, os advérbios etc. Ou seja, o pronome *eu* sempre designa aquele que fala (aparelho formal, ordem do repetível), mas sempre terá uma referência diferente a cada instância em que é enunciado (a enunciação, ordem do irrepetível). Assim sucessivamente: as marcas morfológicas do presente do indicativo designam o tempo presente, no entanto, um tempo sempre novo a cada enunciação. Eis o diferencial da linguística da enunciação: prever na língua o lugar da irrepetibilidade dela mesma. E isso pode ter uma gama bem variada de aplicabilidade.

Em termos de síntese deste item, é possível dizer que a linguística da enunciação é um saber científico na justa medida em que a psicanálise também o é. Essa comparação – inusitada para alguns – deveria ser melhor explicada.

Por enquanto, limitamo-nos a lembrar que a descoberta freudiana do inconsciente também causou espanto diante do saber médico de seu tempo. A psicanálise ao conceber o inconsciente supôs que existe o inconsciente para todo o sujeito – e isso é uma proposição universal –, no entanto, a estruturação psíquica é algo absolutamente singular. Da mesma forma, guardadas as proporções, a existência do aparelho formal da enunciação é universal – é inconcebível uma língua que não o tenha –, porém, o uso que é feito dele é sempre singular.

Linguística da enunciação ou teorias da enunciação?

Em Flores (2001),[7] é apresentada uma proposta epistemológica de abordagem desse campo de estudos que permite falar em teorias da enunciação (no plural), que estariam, por sua vez, reunidas na linguística da enunciação (no singular). Assim, de acordo com essa hipótese, haveria traços comuns entre as abordagens enunciativas (Bally, Jakobson, Benveniste, Ducrot, Bakhtin, Authier-Revuz, Antoine Culioli, Kerbrat-Orechioni, entre outros) de forma que se poderia pensar em um objeto próprio a uma linguística.

Os argumentos utilizados por Flores para defender essa visão do campo foram os seguintes: a) a problematização da dicotomia *langue/parole* (língua/fala) é condição de formulação das teorias dos autores incluídos na *linguística da enunciação*, ou seja, todos, e cada um a seu modo, discutem o pensamento de Saussure; b) percebe-se nos autores preocupação em formular um domínio conceitual que inclua o termo enunciação, isto é, mesmo que cada um defina a seu modo *enunciação*, defini-la é um princípio; c) pela inclusão da discussão em torno da subjetividade na linguagem, os autores instauram relações diferenciadas da linguística com a filosofia da ciência: as noções de método e objeto são retomadas para dar lugar à reflexão sobre a enunciação.

Nesse sentido, supor a existência de um campo – a linguística da enunciação – não significa propor a hierarquização de teorias, mas instituir um ponto de vista segundo o qual, respeitadas as diferenças, é possível vislumbrar unidade na diversidade. O princípio aqui é o mesmo utilizado para discutir a concepção de ciência no item anterior. O fato de conceber um campo do saber não significa produzir uma discursividade homogeneizante.

Assim, admitimos que muitos poderiam se contrapor a essa ideia – da unicidade de um campo – alegando que entre os autores há mais diferenças do que traços comuns e que desconhecê-las nada mais seria que promover a planificação de conceitos fundamentais (e fundantes) em prol de simplificações grosseiras. Alegar-se-ia ainda que esses autores, ao promoverem suas pesquisas de modo explícito, dirigem críticas às teorias que, teimosamente, insistimos poder constituir um campo. É o caso de Jacqueline Authier-Revuz, que, inúmeras vezes, filia-se ao pensamento por ela chamado de "'neoestruturalista', que parte [...] das formas de língua (marcada pelos nomes de Bally, Benveniste, Culioli) [...]"[8] e opõe-se à perspectiva de Oswald Ducrot, que, segundo ela, é uma "[...] teoria 'intralinguística' da enunciação e do sentido, de uma autonomia do linguístico que inclui o campo enunciativo, auxiliando a se desvencilhar de qualquer apoio aos exteriores".[9] Por fim, diriam os críticos: custa a crer que, em tempos de pós-modernidade e descontinuidades, alguém tenha se esforçado em unificar algo que é por natureza refratário à unicidade.

Ora, adiantar questionando é um bom exercício porque, de certa forma, elas antecipam um leitor ideal (o crítico) mesmo que muitas vezes isso não passe de utopia de quem escreve. Por ora, insistimos ainda na pertinência de se pensar em um campo – que denominamos, a exemplo de Flores (2001), linguística da enunciação – dentro do qual coexistem teorias da enunciação. Afinal é sempre de *enunciação* que se está a falar: enunciação e subjetividade; enunciação e argumentação; enunciação e polifonia; enunciação e metalinguagem, enunciação e comunicação etc.

Em atenção à praxe do discurso acadêmico – e para contentamento daqueles que preferem ouvir vozes abalizadoras ou argumentos por autoridade – destacamos, a seguir, mesmo que descontextualizadamente, algumas passagens do sintagma *linguística da enunciação* utilizado por outros autores para também designar o conjunto de trabalhos sobre a enunciação (os grifos são todos nossos):

a) "a *linguística da enunciação* visa não somente um fenômeno que não pertence à 'fala', mas justamente um fenômeno cuja existência compromete a própria distinção língua-fala em algumas de suas postulações. Nem da ordem da língua, nem da ordem da fala [...], mas da própria linguagem enquanto atividade regrada (portanto coletiva) linguisticamente: eis o que é revelado sobre a *natureza dessa linguística* quando se diz que ela não estuda nem os componentes da matéria-linguagem que fazem parte do objeto de outras ciências não propriamente linguísticas (Fisiologia, Física, Psicologia, etc.), nem as variações que sofre o sentido dos signos do sistema quando assumido pelo locutor num ato individual de produção, mas a enunciação enquanto centro necessário de referência do próprio sentido de certos signos da língua".[10]

b) "[...] a verdade é que um novo palco onde a noção de dêixis desempenha um papel relevante – senão o principal – é constituído pela assim chamada '*linguística da enunciação*'".[11]

c) "Já é hora de circunscrever o campo de nosso estudo, isto é, de dar uma resposta à pergunta que é, pois, a enunciação? Qual deve ser, qual pode ser, o objeto de uma *linguística da enunciação*?".[12]

d) "Se é verdade que se desenhou uma crise progressiva do paradigma estruturalista após seu apogeu em 1966, ela está em relação direta com a tomada do seu lugar pelo gerativismo, com o êxito das teses desconstrucionistas de Derrida, mas também com a progressão de uma *linguística da enunciação* que tinha sido até então rechaçada."[13]

e) "Temos aqui, claramente, a instauração da *linguística da enunciação*, sob o nome de linguística da fala" [a respeito da dicotomia linguística da língua/linguística da fala no *Curso de linguística geral,* de Ferdinand de Saussure].[14]

f) "Além da definição do *eu* por um axioma *unário* ("*eu* é quem diz *eu*"), *a linguística da enunciação* fornece, para o termo mais usual da língua, uma outra definição [...]".[15]

Qual o método de análise utilizado pela linguística da enunciação?

Tendo em vista o exposto nos itens anteriores, passamos às questões referentes ao método de análise da enunciação. O primeiro ponto que deve ser enfatizado, apesar da obviedade que encerra, diz respeito à especificidade de cada teoria. Ora, se argumentamos em favor da existência de um campo de estudos da linguagem – a linguística da enunciação – ao qual se integram diferentes teorias – as teorias da enunciação –, então parece ser evidente que o método de análise não pertence ao campo em si, mas a cada teoria em particular. Dessa forma, se por um lado o objeto *enunciação* (ou seria melhor dizer *operador*?), do qual trataremos a seguir, funda um campo do saber, uma discursividade, por outro, o método é o ponto de vista com base no qual esse objeto será examinado e isso depende das relações epistemológicas que cada teoria instaura com as demais teorias de seu campo, com os outros campos da linguística e mesmo com outras áreas do conhecimento.

Evidentemente, tal fato determina a própria configuração do objeto, o que permite dizer que a *enunciação* é algo distinto para cada autor. Eis o paradoxo: desde o prisma que enfoque o campo do saber é possível falar de linguística da enunciação; desde o prisma de análise linguística é sempre de teorias da enunciação que se trata.

Assim, as teorias da enunciação, cada uma a seu modo, concebem uma forma de analisar os fenômenos circunscritos pela concepção de enunciação que têm. Vale, porém, ressalvar quanto à diferença existente entre a formulação dos aspectos metodológicos em algumas teorias. A teoria *das não coincidências do dizer* de Jacqueline Authier-Revuz, a *teoria da argumentação na língua* de Oswald Ducrot, a teoria de Antoine Culioli, entre outras, não podem ser comparadas – a partir dos mesmos critérios – àquelas como a de Émile Benveniste, e isso por um motivo: Benveniste não desenvolveu propriamente um modelo de análise da enunciação. Sua obra é mais um roteiro indicativo de questões referentes à "presença do homem na língua" do que a proposição de um método nítido de análise. A prova disso é que em cada texto do seu magistral *Problemas de linguística geral* – seja falando sobre fenômenos de enunciação ou não –, ele teoriza e analisa simultaneamente. Propor uma metodologia de análise da língua a partir das indicações deixadas pelo "pai da teoria da enunciação" é em si mesmo uma teoria. Talvez nisso se encerre a grandeza de Benveniste: permitir que sempre novas leituras se façam, a cada enunciação.

Diferentemente disso são os casos dos demais autores, que, de forma consciente, propuseram a *sua* forma de analisar a língua na enunciação, elegeram as categorias, os dados, as ocorrências, os fenômenos que melhor ilustrariam a teoria. São autores que puderam formular e reformular (cf. Ducrot, por exemplo) inúmeras vezes suas abordagens.

Enfim, o leitor também deve estar atento a pensamentos como o de Jakobson, cuja obra é de tal magnitude que pouco se compreendeu dela até hoje. Esse autor, "o homem orquestra", como diria François Dosse, teve muitos interesses, constituindo-se a enunciação apenas um entre tantos. Em suma, pedir inscrição no campo da linguística da enunciação exige de quem o faz atitude compatível com a multiplicidade de olhares.

Qual é o objeto de estudo da linguística da enunciação?

Essa pergunta pode parecer desnecessária na medida em que se pode afirmar que, obviamente, o objeto da linguística da enunciação é a enunciação. Essa aparente tautologia se desfaz assim que se perceba que o termo *enunciação* adquire significativo número de definições, como já lembrava Dubois: o termo pode indicar "o surgimento do sujeito no enunciado, [...] a relação que o locutor mantém pelo texto com o interlocutor, ou [...] a atitude do sujeito falante em relação ao seu enunciado".[16] Ainda, apenas para citar dois representantes da área: "A enunciação é este colocar a língua em funcionamento por um ato individual de utilização",[17] ou ainda conforme Ducrot, para quem a enunciação "é o acontecimento constituído pelo aparecimento de um enunciado".[18]

Em Flores (2001), é defendido que o objeto da linguística da enunciação, apesar de vinculado à dicotomia saussuriana *langue/parole* (língua/fala), não deriva nem da sua negação, nem da sua afirmação absoluta. É antes na falta de crença na distinção implicada na dicotomia que reside o que concerne especificamente à linguística da enunciação. Em outras palavras, os fenômenos estudados nas teorias da enunciação pertencem à língua, mas não se encerram nela; pertencem à fala na medida em que só nela e por ela têm existência, e questionam a existência de ambas já que emanam das duas.

Lahud (1979) é quem melhor define a questão no Brasil ao afirmar que

> [...] a linguística da enunciação visa não somente um fenômeno que não pertence à "fala", mas justamente um fenômeno cuja existência compromete a própria distinção língua-fala em algumas de suas postulações. Nem da ordem da língua, nem da ordem da fala [...], mas da própria linguagem enquanto atividade regrada (portanto coletiva) linguisticamente: eis o que é revelado sobre a natureza dessa linguística quando se diz que ela não estuda nem os componentes da matéria-linguagem que fazem parte do objeto de outras ciências não propriamente linguísticas (Fisiologia, Física,

> Psicologia, etc.), nem as variações que sofre o sentido dos signos do sistema quando assumido pelo locutor num ato individual de produção, mas a enunciação enquanto centro necessário de referência do próprio sentido de certos signos da língua.[19]

Para nós, a linguística da enunciação elege para si um objeto multifacetado que obedece a restrições teórico-metodológicas impostas pelas teorias da enunciação. Esse objeto está na dependência da meta a cumprir, da ótica adotada sobre o fenômeno etc. No entanto, apesar dessa aparente dispersão, há algo de unificador: a crença na língua como ordem própria que precisa ser atualizada pelo sujeito a cada instância de uso.

Tal como foram aqui desenvolvidos os argumentos em prol do campo da enunciação, cabe dizer que o estudo da enunciação não está limitado a certos signos da língua, mas compreende a língua em sua totalidade. E nesse ponto seguimos de perto as ideias de Benveniste: se o *aparelho formal de enunciação* é constitutivo da língua, então ela mesma comporta referência ao seu próprio uso. Logo, todo e qualquer fenômeno linguístico carrega em si a potencialidade de um estudo em termos de enunciação, já que sua existência depende do sujeito que o enuncia. O objeto da linguística da enunciação é todo o mecanismo linguístico cuja realização integra o seu próprio sentido e que se autorreferencia no uso. A enunciação é, pois, o que constitui esse processo.

Tal fato permite dar considerável amplitude a esses estudos. Ora, até algum tempo atrás, o que se verificava era uma espécie de restrição do tipo de fenômeno linguístico que poderia ser alvo de abordagem enunciativa. Em outras palavras, considerava-se que apenas algumas classes de palavras (pronomes, adjetivos, verbos, advérbios) e alguns fenômenos muito localizados (discurso relatado, implicitação, pressuposição) poderiam ser estudados desse ponto de vista. Em linhas gerais, eram vistos como pertencentes à enunciação apenas os fenômenos linguísticos circunscritos ao que Benveniste denominou de paradigma da pessoa. Essa é uma interpretação limitada do escopo dessa linguística.

Qualquer fenômeno linguístico de qualquer nível (sintático, morfológico, fonológico etc.) pode ser abordado desde o ponto de vista da linguística da enunciação. Se assim não fosse, estar-se-ia criando uma hierarquia entre "compartimentos" da língua e haveria o "compartimento" da enunciação e o da "não enunciação". É Benveniste quem autoriza a leitura que fazemos.

Observe-se: além de o autor sublinhar que o *aparelho formal da enunciação* pertence à língua toda, que a enunciação é "o fato do locutor que mobiliza a língua por sua conta",[20] que "a enunciação supõe a conversão individual da língua em discurso",[21] ele enfatiza que "o ato individual de apropriação da língua introduz aquele que fala em sua fala".[22] Soma-se a isso a lista de fenômenos elaborada por Benveniste: índices de ostensão, as formas temporais, mas também as funções sintáticas, as modalidades, a fraseologia, os recursos específicos da escrita, a produtividade lexical (ver o clássico texto sobre os verbos delocutivos).

E se ainda for preciso continuar argumentando, vale lembrar alguns exemplos de cada autor: a) em Catherine Kerbrat-Orecchioni: o estudo dos substantivos, verbos, adjetivos, implícitos etc. b) em Antoine Culioli: a negação, representação metalinguística em sintaxe, a quantificação; c) em Danon-Boileau: o aspecto, as referências nominais; d) em Authier-Revuz: as incisas, a pseudoanáfora, correções, glosas etc.; e) em Ducrot: os conectores, os operadores, os modalizadores etc. f) em Catherine Fuchs: a paráfrase. Enfim, a lista pode ser bem maior, porém parece ser suficiente para corroborar a afirmação segundo a qual estudar a enunciação é uma questão de ponto de vista e não de definição apriorística do que pode ou não ser estudado.

E o sujeito da enunciação?

Em Flores (2001), encontramos:

> A *linguística da enunciação* toma para si não apenas o estudo das marcas formais no enunciado, mas refere-as ao processo de sua produção: ao sujeito, tempo e espaço. A *linguística da enunciação* deve centrar-se no estudo das representações do sujeito que enuncia e não no próprio sujeito, objeto de outras áreas.[23]

Gostaríamos de explicar melhor o fato de subscrevermos a exclusão feita por Flores (2001) do sujeito do campo do linguístico. Em nossa opinião, o sujeito não é propriamente o objeto de estudo de uma teoria linguística, mas sim a representação que a enunciação dá dele. Parece-nos que a linguística não tem instrumentos suficientes para abordar o sujeito exatamente porque esse conceito releva de aspectos exteriores ao linguístico. Em suma, o sujeito em si não é uma problemática própria à *linguística da enunciação* e sua abordagem em linguística exige que sejam convocados exteriores teóricos.

Essa interpretação que fazemos é verificável, por exemplo, na obra de Jacqueline Authier-Revuz – autora que explicitamente quer desenvolver reflexão sobre o sujeito –, visto que, para fundamentar a sua perspectiva de abordagem do sujeito, Authier-Revuz convoca o que chama de "a necessária referência preliminar a pontos de vista exteriores que fundamentam essa heterogeneidade constitutiva do discurso [...]":[24] a psicanálise lacaniana e o dialogismo bakhtiniano. Essa linguista filia-se aos campos da metalinguagem (em especial, com base no trabalho de Josette Rey-Debove) e da enunciação "que parte [...] das formas de língua (marcada pelos nomes de Bally, Benveniste, Culioli)"[25] e, no terreno das exterioridades, filia-se a Lacan e a Bakhtin.[26]

Com isso queremos dizer que, se por um lado é absolutamente legítima a teoria enunciativa que busca dizer algo sobre aquele que enuncia,[27] por outro, não se pode dizer que seja inerente ao estudo enunciativo a abordagem do sujeito. Apesar da redundância, vale insistir: a linguística da enunciação estuda a enunciação do sujeito e não o sujeito em si.

Observação final

Para concluir, é preciso argumentar em favor da necessidade de ver a linguística da enunciação com base em um entendimento de língua/linguagem que contemple a heterogeneidade. O ponto de vista da enunciação busca ancoragem em uma concepção de ciência menos comprometida com a ideia de repetição e mais aberta à irrepetibilidade do uso da língua. Isso não é estranho a Saussure, que já anunciava em 1916: "é o ponto de vista que cria o objeto".[28]

Com isso, queremos chamar a atenção para o fato de que investigar a linguagem, independentemente do prisma (informação, competência, sistema, uso, interação etc.), é estabelecer um recorte de análise, cujo objetivo é atender a especificidades teórico-metodológicas. Trata-se sempre de enfocar hipóteses que justificam as análises que os métodos proporcionam, embora essas hipóteses possam ser questionadas, na medida em que são relacionadas a outros quadros teóricos. A legitimidade de estudos oriundos das diferentes escolas do pensamento acerca da linguagem – estruturalistas, funcionalistas, gerativistas, apenas para citar essas – decorre dos objetos que instauram e dos métodos que desenvolvem. Isso não é diferente com a linguística da enunciação.

Aos que iniciam seus estudos em linguística é sempre bom lembrar: na realidade, não há um centro (a língua) que possa ser estudado de forma independente de tudo que o cerca, o que existe é a língua/linguagem concebida sempre de acordo com um ponto de vista teórico. Assim, não há como manter a dicotomia centro/exterioridade, menos ainda a dicotomia científico/não científico. A legitimidade do que temos chamado de linguística da enunciação é derivada exatamente da delimitação de seu ponto de vista, qual seja, o que considera a língua desde as relações do homem com o outro, do homem com a língua, do homem com o mundo via língua.

A linguística da enunciação, tal como a concebemos neste livro, deve ser entendida como um ponto de chegada para onde convergem diferentes teorias. O sintagma *linguística da enunciação* é, nessa concepção, a nomeação do múltiplo, não do unívoco.

Admitida esta proposta, resta indagar quais as vantagens de se nomear um campo que não existe como unidade, mas apenas como multiplicidade. Em outras palavras, a quem (ou a quê) serve essa unidade se ela não parece ser mais do que uma miragem, uma vez que a ela subjaz o diverso? As respostas a isso são extensas e não podemos, neste momento, fazer mais que indicar alguns caminhos:

a) Supor a existência de diversas teorias da enunciação não parece ser objeto de muitas controvérsias. Essa diversidade é bastante conhecida da linguística, nas suas mais diferentes ramificações. Em uma comparação didática, podemos dizer que o plural também é atribuído à sintaxe. Afinal, comumente ouvimos falar de sintaxe estrutural, sintaxe gerativa, sintaxe funcionalista, entre outras. Enfim, há teorias da sintaxe e há teorias da enunciação.

b) No entanto, não podemos dizer, com tranquilidade, que exista algo como a "linguística da sintaxe". Nesse caso, cabe perguntar: por que à enunciação cabe atribuir um campo? Em outras palavras, o que significa a palavra *linguística* no sintagma *linguística da enunciação*? Em nossa opinião, a linguística da enunciação, vista como unidade para onde convergem as teorias da enunciação, além de assegurar estatuto epistemológico ao campo, impõe outra característica: a enunciação não é um nível de análise da linguagem, mas um ponto de vista. Pode-se estudar a sintaxe, a morfologia, a fonologia, o texto, entre outros, do ponto de vista da enunciação. Essa linguística guarda com as demais uma relação de homonímia.

c) Os estudos de enunciação têm uma marca que os diferencia dos demais estudos linguísticos: em todas as versões, a enunciação apresenta-se como uma reflexão sobre o dizer e não propriamente sobre o dito. Estudar a enunciação é dirigir o olhar para o fato de o locutor ter dito o que disse e não para o dito em si. O estudo do dito, do enunciado, é relevante para que por intermédio dele se chegue ao dizer, à enunciação.

d) Finalmente e talvez o mais importante motivo que nos leva a supor a existência do campo *linguística da enunciação*: sendo o campo constitutivamente heterogêneo, sempre é possível a ele acrescentar um certo olhar sobre a enunciação ou uma interface ainda não abordada. Trata-se de uma dispersão, para usar um termo foucaultiano.

Notas

[1] Ver: A. C. Xavier e S. Cortez (org.), Conversas com linguistas: virtudes e controvérsias, São Paulo, Parábola, 2003.

[2] Alguns exemplos retirados de algumas introduções com vasta circulação: "A linguística é definida, geralmente, como a ciência da linguagem. [...] A definição de linguística como estudo científico da linguagem tem implicações muito [...] importantes" Mahmoudian (1982, pp. 31-41). "Se atribuirmos à linguística a designação de 'ciência', teremos de a definir como 'o estudo científico da linguagem humana'" (Collado, 1980, p. 13). Acrescenta o autor: "Formulada em numerosos tratados, esta definição geral e simples carece de valor informativo quando não acompanhada de uma explicação adequada. [...] Para isso precisamos saber: 1) o que se entende por linguagem. 2) Quais os princípios e métodos a utilizar no estudo da linguagem para que tal estudo alcance formalmente seu objetivo" (idem). Segundo Crystal (1991, p. 95): "Parece ser de acordo geral fora do campo da linguística (e, claro, também para muitos linguistas) que para que qualquer estudo mereça ser qualificado como científico, no sentido habitual, tem de possuir pelo menos três características fundamentais – características que deverão estar em evidência independentemente do fato de a linguística estar mais relacionada com a cientificidade das ciências naturais e físicas ou com a das ciências sociais".

[3] Vale lembrar que todos os autores citados na nota anterior problematizam o sentido da palavra ciência quando atribuído à linguística. Nossa crítica não se refere ao conceito de ciência que tais autores desenvolvem, mas ao fato de todos deixarem entrever um pressuposto que pode receber duas versões: a) a de que há um e apenas um conceito de ciência pertinente à linguística; b) a de que mesmo havendo diferentes conceitos de ciência (cf. Crystal, op. cit., por exemplo) estes deverão ser avaliados, quanto a sua legitimidade, a partir de critérios idênticos. Nos autores examinados, percebe-se que ao menos uma das versões (ou mesmo as duas) é facilmente encontrada. Apenas como provocação vale ainda perguntar: o que quer exatamente dizer Lyons (1982, p. 52) quando considera que "Dizer que a linguística é uma ciência não é negar que, em virtude de seu objeto de estudos, ela esteja estreitamente ligada a disciplinas eminentemente humanistas como a filosofia e a crítica literária"? O que significa essa oposição entre "ciência" e "disciplinas eminentemente humanistas"?

[4] Hoje em dia, são comuns cursos de pós-graduação em Estudos da Linguagem, quando outrora se falava em pós-graduação em Linguística ou em Língua Portuguesa.

[5] Somos conscientes dos problemas decorrentes da descontextualização dos termos, uma vez que em *O amor da língua* Milner problematiza a linguística desde o lugar da psicanálise lacaniana.

[6] Em nota, vale registrar que, mesmo não sendo esta uma formulação explícita de Milner, acreditamos que nossas observações não estão em contradição com o que diz o autor. Jacqueline Authier-Revuz diz algo bem semelhante sobre os termos *um* e *não um* e as noções de repetibilidade e irrepetibilidade: "De maneira geral, podemos dizer que passar da consideração da língua, concebida como 'ordem própria', sistema finito de unidades e de regras de combinação do qual a linguística tem por objetivo uma constante atualização através de procedimentos regrados – tal como se mostra, por exemplo, no quadro dos 'níveis da análise linguística' estruturado por Benveniste, ou no núcleo comum que J. C. Milner extrai da diversidade de 'modelos' que a linguística toma emprestado – à consideração da fala, do discurso, é abandonar um domínio homogêneo, fechado, onde a descrição é da ordem do repetível, do *um*, por um campo duplamente marcado pelo *não um*, pela *heterogeneidade teórica* que o atravessa, a língua articulando-se ao sujeito e ao 'mundo', e pelo caráter *não repetível* da compreensão que dele se pode ter, inevitavelmente afetada pela subjetividade e pela incompletude" (Authier-Revuz, 1998, p.160) [grifos da autora].

[7] V. do N. Flores, "Princípios para a definição do objeto da linguística da enunciação", em L. Barbisan e V. Flores (orgs.), Estudos sobre enunciação, texto e discurso, Letras de Hoje, Porto Alegre, EDIPUCRS, v. 36, n. 4, dez. 2001, pp. 7-67.

[8] J. Authier-Revuz, Palavras incertas: as não coincidências do dizer, Campinas, Ed. Unicamp, 1998, p. 16.

[9] Idem, p. 184.

[10] M. Lahud, A propósito da noção de dêixis, São Paulo, Ática,1979, p. 98.

[11] Idem, p. 97.

[12] C. Kerbrat-Orecchioni, L'Énonciation de la subjectivité dans le langage, Paris, Armand Colin, 1980, p. 28.

[13] F. Dosse, História da estruturalismo: o canto do cisne, de 1967 a nossos dias, São Paulo, Ensaio, 1994, p. 61.

[14] M. Arrivé, Linguagem e psicanálise linguística e inconsciente, Rio de Janeiro, Zahar, 1999, p. 37.

[15] D.-R. Dufour, Os mistérios da trindade, Rio de Janeiro, Companhia de Freud, 2000, p. 49.

[16] J. Dubois, Énoncé et énonciation, em Langages, Paris, Didier/Larousse, 1969 p. 100.

[17] É. Benveniste, Problemas de linguística geral II, Campinas, Ed. Unicamp, 1989, p. 82.

[18] O. Ducrot, O dizer e o dito, Campinas, Pontes, 1987, p. 168.

[19] Lahud, op. cit., p. 98.

[20] Benveniste, op. cit. p. 82.

[21] Idem, p. 83.

[22] Idem, p. 84.

[23] Flores, op. cit., p. 59.

[24] J. Authier- Revuz, Entre a transparência e a opacidade: um estudo enunciativo do sentido, Porto Alegre, EDIPUCRS, 2004a, p. 11.

[25] J. Authier-Revuz, op. cit, 1998, p. 16.

[26] Importa dizer que consideramos absolutamente legítima a teoria enunciativa que busca dizer algo sobre aquele que enuncia. É exatamente este o ponto de vista de Flores (1999). A partir da reinterpretação da teoria de Benveniste o autor propõe uma abordagem, dita semântica metaenunciativa, recorrendo à psicanálise lacaniana, com a finalidade de responder a seguinte questão: o que é o sujeito da enunciação numa teoria da enunciação? Em outras palavras, quando o autor busca falar do sujeito da enunciação também recorre a uma exterioridade da linguística: a psicanálise, no caso.

[27] Idem.

[28] Ferdinand de Saussure, Curso de linguística geral, São Paulo, Cultrix, 1975, p. 15.

Breve cronologia dos estudos enunciativos

Como disse Auroux, na excelente "Cronologia da reflexão linguística" de seu *A filosofia da linguagem,* "não dispomos ainda de uma verdadeira visão cronológica que repertorie as descobertas, as grandes viradas científicas ou as discussões filosóficas concernentes à linguagem".[1] No entanto, vale tentar fornecer um quadro da evolução bibliográfica dos estudos da enunciação aqui discutidos, somado a alguns dados biográficos, mesmo que esse quadro não reflita fielmente a história dos estudos da enunciação, já que a ele sempre algo pode ser acrescentado.

Escolhemos para integrar essa cronologia informações bibliográficas (datas de publicação) e informações biográficas (algumas datas de nascimento e morte) que julgamos relevantes para esboçar uma breve história dos estudos de enunciação. Metodologicamente, o leitor deverá estar atento para o seguinte: 1) são registradas as datas de nascimento e morte apenas dos autores em que isso tem relevância para a história do pensamento que se quer ilustrar aqui; 2) não são consideradas todas as publicações dos autores, mas apenas os trabalhos mais importantes para os estudos enunciativos (exceção feita à obra de Benveniste que é citada na íntegra); 3) as datas e a língua de publicação das obras são referentes à primeira edição; 4) os nomes dos autores são apresentados em negrito para facilitar a consulta por autor; 5) é fornecida também pequena cronologia de Michel Bréal e de Ferdinand de Saussure, em função da influência que tiveram sobre os autores pesquisados.

Finalmente, optamos por fornecer, também, datas de publicações que não são concernentes à linguística da enunciação *stricto sensu* e datas de outros acontecimentos no âmbito da linguística geral, mas que julgamos de fundamental importância para os estudos de enunciação.

1832 Nascimento de **Michel Bréal**.

1857 Nascimento de **Ferdinand de Saussure**.

1865 Nascimento de **Charles Bally**.

1879 Em dezembro, **Ferdinand de Saussure**, com 21 anos, publica o *Mémoire sur le système primitif des voyelles dans les langues indo-européenes*.

1895 Nascimento de **Mikhail Bakhtin** em 16 de novembro.

1896 Nascimento de **Roman Jakobson**.

1897 **Michel Bréal** publica o *Essai de Sémantique*.

1902 Nascimento de **Émile Benveniste**.

1905 **Charles Bally** publica *Précis de stylistique*.

1907 Primeiro curso de Linguística Geral ministrado por **Ferdinand de Saussure** na Universidade de Genebra – de 16 de janeiro a 3 de julho.

1908 a 1909 Segundo curso de Linguística Geral ministrado por **Ferdinand de Saussure** na Universidade de Genebra – da 1ª semana de 1908 a 24 de julho de 1909.

1910 a 1911 Terceiro curso de Linguística Geral ministrado por **Ferdinand de Saussure** na Universidade de Genebra – de 28 de outubro de 1910 a 4 de julho de 1911.

1909 **Charles Bally** publica *Traité de stylistique française*.

1911 Nascimento de **John Langshaw Austin**.

1913 Morte de **Ferdinand de Saussure** em 22 de fevereiro. **Charles Bally** publica o texto "Le langage et la vie", que dará origem, em 1925, ao livro de mesmo título.

1915 Morte de **Michel Bréal**.

1916 Publicação do *Cours de linguistique générale* de **Ferdinand de Saussure** (póstuma).

1929 **Mikhail Bakhtin** publica *Problemas da poética de Dostoiévsky* em russo. Essa edição é revista e ampliada em 1963. **Mikhail Bakhtin (Voloshinov)** publica *Marxismo e filosofia da linguagem.* Publicação das teses do Círculo Linguístico de Praga.

1932 **Charles Bally** publica *Linguistique générale et linguistique française.*

1935 **Émile Benveniste** publica *Origine de la formation des noms en indo-européen.*

1947 Morte de **Charles Bally**.

1948 **Émile Benveniste** publica *Noms d'agent et noms d'action en indo-européen.*

1955 **John Langshaw Austin** apresenta as *Conferências William James*, na Universidade de Harvard, que deram origem ao livro *How to do things with words.*

1956 **Roman Jakobson** publica *Two Aspects of Language and Two Types of Aphasic Disturbances*. A tradução para o francês integra o livro *Essais de linguistique générale.*

1957 **Roman Jakobson** publica *Shifters, Verbal Categories, the Russian Verb*. A tradução para o francês integra o livro *Essais de linguistique générale.*

1960 **Roman Jakobson** publica *Linguistics and Poetics.* A tradução para o francês integra o livro *Essais de linguistique générale.* Morte de **John Langshaw Austin.**

1962 Publicação póstuma de *How to do Things with Words* de **John Langshaw Austin.**

1963 **Roman Jakobson** publica *Essais de linguistique générale.*

1966 **Émile Benveniste** publica *Problèmes de linguistique générale.*

1969 **Émile Benveniste** publica *Le vocabulaire des institutions indo-européennes.* **Jean Dubois** publica *Énoncé et énonciation* no número 13 da revista *Langages*. Publicação do número 13 da revista *Langages*: *l'analyse du discours,* sob a direção de **J. Dubois e J. Sumpf. John Searle** publica *Speech Acts*. Publicação de *Análise automática do discurso* de **Michel Pêcheux**.

1970 Publicação do número 17 da revista *Langages* intitulada *L'énonciation,* sob a direção de **Tzvetan Todorov**.

1971 **Jean Starobinski** publica *Les mots sous les mots* a respeito dos anagramas de **Ferdinand de Saussure.**

1972 **Oswald Ducrot** publica *Dire et ne pas dire.*

1973 **Oswald Ducrot** publica *La preuve et le dire.*

1974 **Émile Benveniste** publica *Problèmes de linguistique générale* II.

1975 Morte de **Mikhail Bakhtin**.

1976 Morte de **Émile Benveniste**.

1978 Publicação de *L'amour de la langue* de **Jean-Claude Milner**.

1979 **François Récanati** publica *La transparence et l'énonciation.* **Mikhail Bakhtin** publica *Estética da criação verbal* em russo.

1980 **Oswald Ducrot** publica *Les mots du discours.* **Catherine Kerbrat-Orecchioni** publica *L'énonciation de la subjectivité dans le langage.*

1981 **François Récanati** publica *Les énoncés performatifs.*

1982 **Jacqueline Authier-Revuz** publica *Hétérogénéité montrée et hétérogénéité constitutive: éléments pour une approche de l'autre dans le discours.* Morte de **Roman Jakobson**. **Catherine Fuchs** publica *La paraphrase.*

1983 **Jean-Claude Milner** publica *Les noms indistincts.*

1985 **Oswald Ducrot** publica *Le dire et le dit.* Publicação do número 77 da revista *Langages*, intitulada *Le sujet entre langue et parole(s)*, sob a direção de **Claudine Normand**. **Claude Hagège** publica *L'homme de parole.*

1986 **Catherine Kerbrat-Orecchioni** publica *L'implicite.*

1990 **Antoine Culioli** publica *Pour une théorie de l'énonciation.*

1991 **Algirdeas Greimas** e **Jacques Fontanille** publicam *Sémiologie des passions.*

1992 **Jacqueline Authier-Revuz** apresenta sua Tese de Doutorado de Estado, *Les non-coïncidences du dire et leur représentation méta-énonciative,* na Universidade Paris VIII.

1995 **Jacqueline Authier-Revuz** publica *Ces mots que ne vont pas de soi: boucles réflexives et non-coïncidences du dire.*

1997 Sob a direção de **Claudine Normand** e **Michel Arrivé,** é publicado *Émile Benveniste: vingt ans après*, CRL-Université Paris X LINX. Atas de colóquio em homenagem a **Émile Benveniste**.

Nota

[1] S. Auroux. A filosofia da linguagem, Campinas, Ed. Unicamp, 1998, p. 403.

Bibliografia

A bibliografia está dividida em duas partes: a primeira é uma lista de indicações àqueles que querem iniciar seus estudos em linguística da enunciação; a segunda abrange as referências bibliográficas dos textos efetivamente citados no corpo do livro.

Bibliografia básica da linguística da enunciação

Nosso objetivo não é a exaustividade, mas apenas apresentar ao leitor a bibliografia que julgamos fundamental para introduzir aos estudos de enunciação. Em função disso, optamos por apresentar alguns trabalhos clássicos da área, privilegiando, na medida do possível, as traduções para o português a que tivemos acesso.

ANSCOMBRE, J. C. (org.). *Théorie des topoi.* Paris: Éditions Kimé, 1995.

____; DUCROT, O. *L'argumentation dans la langue.* Bruxelas: Pierre Mardaga, 1983.

ARRIVÉ, M.; NORMAND, C. (orgs.). *Émile Benveniste vingt ans après.* Paris: CRL – Université Paris X, 1997.

AUTHIER-REVUZ, J. Hétérogénéité montrée et hétérogénéité constitutive: éléments pour une approuche de l'autre dans le discours. *D.R.L.A.V.* Paris, n. 26, 1982.

____. *Ces mots qui ne vont pas de soi:* boucles réflexives et non-coïncidences du dire. Paris: Larousse, 1995.

____. *Palavras incertas.* Campinas: Ed. Unicamp, 1998.

____. *Entre a transparência e a opacidade*: um estudo enunciativo do sentido. Porto Alegre: EDIPUCRS, 2004.

____. Musiques méta-énonciatives: le dire pris à ses mots. *Marges Linguistiques*, n. 7, maio, 2004. M. L. M. S. (ed.). Disponível em <http:www.marges-linguistiques.com> 13250, Saint-Chamas (France).

AUSTIN, J. L. *Quando dizer é fazer*: palavras e ação. Porto Alegre: Artes Médicas, 1990.

BAKHTIN, M. *Problemas da poética de Dostoiévski.* Rio de Janeiro: Forense Universitária, 1981a.

BAKHTIN, M. (Volochinov). *Marxismo e filosofia da linguagem.* São Paulo: Hucitec, 1981b.

____. *A cultura popular na Idade Média e no Renascimento*: o contexto de François Rabelais. São Paulo: Hucitec; Brasília: Ed. UnB, 1987.

____. *Estética da criação verbal.* São Paulo: Martins Fontes, 1992.

____. *Questões de literatura e estética.* São Paulo: Hucitec, 1993.

BALLY, C. *El lenguaje y la vida*. Buenos Aires: Losada, s.d.
____. *Traité de stylistique française*. Paris: Klincksieck, 1951.
____. *Linguistique générale et linguistique française*. Berna: Francke, 1965.
BENVENISTE, É. *Noms d'agente et noms d'action en indo-européen*. Paris: Librairie D'Amérique et D'Orient, 1996.
____. *Problemas de linguística geral I*. Campinas: Pontes, 1988.
____. *Problemas de linguística geral II*. Campinas: Pontes, 1989
____. *Vocabulário das intituições indo-europeias I*. Campinas: Ed. Unicamp,1995.
____. *Vocabulário das instituições indo-europeias II*. Campinas: Ed. Unicamp, 1995.
____. *Origines de la formation des noms en indo-européen*. Paris: Librairie D'Amérique et D'Orient, 1984.
BREAL, M. *Ensaio de semântica*. Campinas/São Paulo: Pontes/Educ, 1992.
CULIOLI, A. *Pour une linguistique de l'énonciation*. Paris: Ophrys, 1990.
DANON-BOILEAU, Laurent. *Le sujet de l'énonciation*: psychanalyse et linguistique. Paris: Ophrys, 1987.
____. *Énonciation et référence*. Paris: Ophrys, 1987
DASCAL, M. *Fundamentos metodológicos da linguística*, v. IV. Campinas: Edição do Autor, 1982.
DUBOIS, J.; SUMPF, J. (orgs.). *Langages*. Paris: Didier/Larousse, n. 13, 1969.
DUCROT, O. *De Saussure à la philosophie du langage*. SEARLE, J. *Les Actes de Langage*: essais de philosophie du langage. Paris: Herman, 1972.
____. *Dizer e não dizer:* princípios de semântica linguística. São Paulo: Cultrix, 1977.
____. *Provar e dizer*. São Paulo: Global, 1981.
____. *O dizer e o dito*. Campinas: Pontes, 1987.
____. *Polifonía y argumentación:* conferencias del seminario teoria de la argumentación y análisis del discurso. Cali: Universidad del Valle, 1988.
____. Énociation et polyphonie chez Charles Bally. *Logique, structure, énonciation:* lectures sur le langage. Paris: Minuit, 1989.
DUCROT, O. Argumentação e "topoi" argumentativos. GUIMARÃES, E. *História e sentido na linguagem*. Campinas: Pontes, 1989.
____. et al. *Les mots du discours*. Paris: Minuit, 1980.
FIORIN, J. L. *As astúcias da enunciação*: as categorias de pessoa, espaço e tempo. São Paulo: Ática, 1996.
FLAHAULT, F. *A fala intermediária*. Lisboa: Via Editora, 1979.
FLORES. V. *Linguística e psicanálise*: princípios de uma semântica da enunciação. Porto Alegre: EDIPUCRS, 1999.
FUCHS, C. *La paraphrase*. Paris: PUF, 1982.
____. *Paraphrase et énonciation*. Paris: Ophryrs, 1994.
GUIMARÃES, E. *Os limites do sentido:* um estudo histórico e enunciativo da linguagem. Campinas: Pontes, 1995.
JAKOBSON, R. *Linguística e comunicação*. São Paulo: Cultrix, 1974.
____. *Diálogos*. São Paulo: Cultrix, 1985.
____. *Poética em ação*. São Paulo: Edusp/Perspectiva, 1990.
____. *Arte verbal, signo verbal, tiempo verbal*. México: Fondo de Cultura Económica, 1992.
____. *El marco del lenguage*. México: Fondo de Cultura Económica, 1996.
KERBRAT-ORECCHIONI, C. *L'énociation de la subjectivité dans le langage*. Paris: Armand Colin, 1980.

____. *L'Implicite*. Paris: Armand Colin, 1986.

Lahud, M. *A propósito da noção de dêixis*. São Paulo: Ática, 1979.

Martins, E. *Enunciação e diálogo*. Campinas: Ed. Unicamp, 1990.

Normand, C. Le sujet dans la langue. *Langages*. Paris: Larousse, n. 77, 1985.

____. Linguistique et philosophie: un instante dans l'historie de leurs relations. *Langages*. Paris: Larousse, n. 77, 1985.

____. (org.) *La quadrature du sens*. Paris: PUF, 1990.

____. Os termos da enunciação em Benveniste. Oliveira, S. L.; Parlato, E. M.; Rabello, S. (orgs.). *O falar da linguagem*. São Paulo: Lovise, 1996. (Série linguagem).

____. É. Benveniste: quelle sémantique? *LINX*. Du dire et du discours: Hommage à Denise Maldidier, 1996.

____. (org.). *Langages*. Paris: Larousse, n. 77, 1997.

Parret, H. A dêixis e os "embrayeurs" desde Jakobson. *Enunciação e pragmática*. Campinas: Ed. Unicamp, 1988.

Récanati, F. *La transparence et la énonciation*. Paris: Seuil, 1978.

Ricouer, P. *O si-mesmo como um outro*. Campinas: Papirus, 1991.

Rudy, S. *A complete Bibliography of Roman Jakobson's Writings, 1912-1982*. Berlin-Amsterdam-New York: Mouton, 1984.

Russel, B. *An Inquiry into Meaning and Truth*. Baltimore: Peguin Books, 1967.

Saussure, F. *Curso de linguística geral*. São Paulo: Cultrix, 1975.

Starobinski, J. *As palavras sob as palavras*: os anagramas de Ferdinand Saussure. São Paulo: Perspectiva, 1974.

Teixeira, M. Benveniste: um talvez terceiro gesto? *Letras de Hoje*. Porto Alegre, v. 39, n. 4, dez. 2004, pp. 107-20.

Todorov, T. (org.). *Langages*. Paris: Didier/Larousse, n. 17, 1970.

____. *Mikhail Bakhtine*: le principe dialogique. Paris: Seuil, 1981.

Toledo, D. *Círculo Linguístico de Praga:* estruturalismo e semiologia. Porto Alegre: Globo, 1978.

Vogt, C. *Linguagem, pragmática e ideologia*. São Paulo: Hucitec, 1980.

Voloshinov, V. V. "Discourse in Life and Discourse in Art (Concerning Sociological Poetics)". *Freudianism: a Marxist Critique*. New York: Academic Press, 1976.

Referências bibliográficas

Amorim, M. *O pesquisador e seu outro*: Bakhin e as ciências humanas. São Paulo: Musa, 2001.

Andrès, M. O outro. Kaufmann, P. *Dicionário enciclopédico de psicanálise*: o legado de Freud e Lacan. Rio de Janeiro: Jorge Zahar, 1996.

Arrivé, M. *Linguagem e psicanálise, linguística e inconsciente*. Rio de Janeiro: Zahar, 1999.

Auroux, S. *A filosofia da linguagem*.Campinas: Ed. Unicamp, 1998.

Authier-Revuz, J. Hétérogénéité montrée et hétérogénéité constitutive: éléments pour une approuche de l'autre dans le discours. *D.R.L.A.V.*, Paris, n. 26, 1982.

_____. Falta do dizer, dizer da falta: as palavras do silêncio. Orlandi, E. P. (org.). *Gestos de leitura*. Campinas: Ed. Unicamp, 1994.

____. *Ces mots qui ne vont pas de soi:* boucles réflexives et non-coïncidences du dire. Paris: Larousse, 1995.

____. *Palavras incertas*. Campinas: Ed. Unicamp, 1998.

____. *Entre a transparência e a opacidade*: um estudo enunciativo do sentido. Porto Alegre: EDIPUCRS, 2004a.

____. Musiques méta-énonciatives: le dire pris à ses mots. *Marges Linguistiques*. Paris, n. 7, mai. 2004b. M. L. M. S. (ed.). Disponível em <http:www.marges-linguistiques.com>. Saint-Chamas (France).

BAKHTIN, M. (Voloshinov). *Marxismo e filosofia da linguagem.* São Paulo: Hucitec, 1981.

____. *A cultura popular na Idade Média e no Renascimento*: o contexto de François Rabelais. São Paulo/Brasília: Hucitec/Ed. UnB, 1987.

____. *Estética da criação verbal.* São Paulo: Martins Fontes, 1992.

____. *Questões de literatura e estética.* São Paulo: Hucitec, 1993.

____. *Problemas da poética de Dostoiévski*. Rio de Janeiro: Forense Universitária, 1997.

____. *O freudismo.* São Paulo: Perspectiva, 2001.

BALLY, C. *El lenguaje y la vida*. Buenos Aires: Losada, s.d.

BARBISAN, L. A construção da argumentação no texto. *Letras de Hoje*. Porto Alegre, v. 37, n. 3, pp. 135-147, dez. 2002.

____. O enunciado no texto. *Anais do Congresso Internacional " La argumentación",* Buenos Aires, 2003, CD-rom.

____. Língua e fala: conceitos produtivos de teorias enunciativas. *Letras de Hoje*, Porto Alegre, v. 39, n. 4, dez. de 2004, pp. 67-78.

____. Por uma abordagem argumentativa da linguagem. GIERING, M. E.; TEIXEIRA, M. (orgs.). *Investigando a linguagem em uso*: estudos em Linguística Aplicada. São Leopoldo: Ed. Unisinos, 2004. pp. 57-77.

_______; TEIXEIRA, M. Polifonia: origem e evolução do conceito em Oswald Ducrot. *Organon*. Porto Alegre, v. 16. n. 32 e 33, 2002. p. 161-180.

BECHARA, Evanildo. *Moderna gramática portuguesa*. Rio de Janeiro: Lucerna,1999.

BENVENISTE, É. *Problemas de linguística geral I*. Campinas: Pontes, 1988.

____. *Problemas de linguística geral II*. Campinas: Pontes, 1989.

BEZERRA, P. Polifonia. BRAIT, B. (org.). *Bakhtin*: conceitos-chave. São Paulo: Contexto, 2005, pp.191-200.

BIRMAN, Joel. *Por uma estilística da existência*: sobre a psicanálise, a modernidade e a arte. São Paulo: Editora 34, 1996.

BRAIT, Beth (org.). *Bakhtin, dialogismo e construção do sentido.* Campinas: Ed. Unicamp, 1997.

_____. *Estudos enunciativos no Brasil*: histórias e perspectivas. Campinas/São Paulo: Pontes, Fapesp, 2001.

BRAIT B.; MELO, R. Enunciados/enunciado concreto/enunciação. BRAIT, B. (org.). *Bakhtin*: conceitos-chave. São Paulo: Contexto, 2005, pp. 61-78.

BOUTET, J. *Construire le sens*. Bern: Peter Lang, 1994.

CÂMARA, J. M. *História da linguística.* Petrópolis: Vozes, 1990.

CAUSSAT, P. La subjectivité en question. *Langages.* Paris: Larrousse, n. 77, mar. 1985, pp. 43-54.

CHEMAMA, R. (org.). *Dicionário de psicanálise.* Porto Alegre: Artes Médicas, 1995.

CHISS, J. L. La stylistique de Charles Bally: de la notion de "sujet parlant" à la théorie de l'énonciation. *Langages.* Paris: Larrousse, n. 77, mar. 1985, pp. 85-94.

CLARK, C.; HOLQUIST. *Mikhail Bakhtin.* São Paulo: Perspectiva, 1998.

COLLADO, J.-A. *Fundamentos de linguística geral.* Lisboa: Edições 70, 1980.

CORTELETTI, M. N. O mesmo e o outro: a constituição do sentido na articulação entre linguística e psicanálise. Porto Alegre: PUC, 2001. (Tese de Doutorado).

CRYSTAL, David. *A linguística.* Lisboa: Dom Quixote, 1991.

Culioli, A. *Pour une linguistique de l'énonciation.* Paris: Ophrys, 1990.

Dahlet, P. Dialogização enunciativa e paisagens do sujeito. Brait, Beth. *Dialogismo e construção do sentido.* Campinas: Ed.Unicamp, 1997, pp. 59-87.

Dascal, M. *Fundamentos metodológicos da linguística.* Campinas: Edição do Autor, 1982, v. iv.

Di Fanti, M. G. C. *Discurso, trabalho & dialogismo:* a atividade jurídica e o conflito trabalhador/patrão. São Paulo: Lael, puc, 2004. (Tese de Doutorado).

Dillinger, M. "Forma e função na linguística". *d.e.l.t.a.*, São Paulo, v. 7, 1991.

Dor, Joël. *Introdução à leitura de Lacan*: o inconsciente estruturado como linguagem. Porto Alegre: Artes Médicas, 1991.

Dosse, F. *História do estruturalismo i:* o campo do signo, 1945/1966. São Paulo: Ensaio, 1993.

____. *História do estruturalismo ii:* o canto do cisne, de 1967 a nossos dias. São Paulo: Ensaio, 1994.

Dubois, J.; Sumpf, J. (orgs.). *Langages.* Paris: Didier/Larousse, n. 13, 1969.

Ducrot, O. *O dizer e o dito.* Campinas: Pontes, 1987.

______; Todorov, T. *Dicionário enciclopédico das Ciências da Linguagem.* São Paulo: Perspectiva, 1988.

Dufour, D.-R. *Os mistérios da trindade.* Rio de Janeiro: Companhia de Freud, 2000.

Emerson, C. *Os primeiros 100 anos de Mikhail Bakhtin.* Trad. Pedro Jorgensen Jr. Rio de Janeiro: Difel, 2003.

Faraco, C. A. *Linguagem & diálogo*: as ideias linguísticas do Círculo de Bakhtin. Curitiba: Criar, 2003.

Faïta, D. Análise das práticas linguageiras e situações de trabalho: uma renovação metodológica imposta pelo objeto. Souza-e-Silva, M. Cecília Pérez; Faïta, Daniel (orgs.). *Linguagem e trabalho*: construção de objetos de análise no Brasil e na França. São Paulo: Cortez, 2002.

Fiorin, J. L. *As astúcias da enunciação*: as categorias de pessoa, espaço e tempo. São Paulo: Ática, 1996.

Flores. V. *Linguística e psicanálise:* princípios de uma semântica da enunciação. Porto Alegre: edipucrs, 1999.

____. Para um estudo da categoria aspecto nos verbos do português do Brasil. *Letras de Hoje.* Porto Alegre: edipucrs, 1999.

____. Princípios para a definição do objeto da linguística da enunciação. Barbisan, L. B.; Flores, V. N. (orgs.). Estudos sobre enunciação, texto e discurso. *Letras de Hoje.* Porto Alegre: edipucrs, v. 36, n. 4, dez. 2001, pp. 7-67.

____. Bakhtin e Saussure: convergências e divergências. *Coleção Ensaios.* Santa Maria: ufsm, n. 5, dez. 2002, pp. 21-6.

____. Por que gosto de Benveniste? *Letras de Hoje.* Porto Alegre: edipucrs, v. 39, n. 4, dez. 2004, pp. 217-30.

____. Silva, S. Aspecto verbal: uma perspectiva enunciativa do uso da categoria no português do Brasil. *Letras de hoje.* Porto Alegre: edipucrs, 2000.

Foucault, M. *A arqueologia do saber.* Rio de Janeiro: Forense Universitária, 1987.

Frank, J. *Pelo prisma russo*: ensaios sobre literatura e cultura. São Paulo: Edusp, 1992.

Gadet, F.; Pêcheux, M. *A língua inatingível*: o discurso na história da linguística. Campinas: Pontes, 2004.

Henry, P. *A ferramenta imperfeita*: língua, sujeito e discurso. Campinas: Ed. Unicamp, 1992.

Jakobson, R. ____. Les embrayeurs, les catégories verbales et le verbe russe. *Essais de linguistique générale.* Paris: Minuit, 1963.

____. *Linguística e comunicação.* São Paulo: Cultrix, 1974.

____. *Arte verbal, signo verbal, tiempo verbal.* México: Fondo de Cultura Económica, 1992.

____. Pomorska, C. *Diálogos.* São Paulo: Cultrix, 1985.

Haufmann, P. (ed.). *Dicionário enciclopédico de psicanálise*. Rio de Janeiro: Zahar, 1996.

Kerbrat-Orecchioni, C. *L'énonciation de la subjectivité dans le langage*. Paris: Armand Colin, 1980.

Kristeva, J. Para além da fenomenologia da linguagem. Toledo, D. *Círculo Linguístico de Praga*: estruturalismo e semiologia. Porto Alegre: Globo, 1978.

Lahud, M. *A propósito da noção de dêixis*. São Paulo: Ática, 1979.

Lalande, A. *Vocabulário técnico e crítico da filosofia*. São Paulo: Martins Fontes, 1996.

Lichtenberg, S. *Usos de indefinidos do português*: uma abordagem enunciativa. Porto Alegre: UFRGS, 2001. (Dissertação de Mestrado).

____.Usos de *todo*: uma abordagem enunciativa. *Letras de Hoje*. Porto Alegre: EDIPUCRS, 2001.

Lyons, John. *Linguagem e linguística*: uma introdução. Rio de Janeiro: Zahar, 1982.

Machado, Irene. *O romance e a voz*: a prosaica de M. Bakhtin. Rio de Janeiro: Imago, 1995.

____. Gêneros discursivos. Brait, B. *Bakhtin*: conceitos-chave. São Paulo: Contexto, 2005. pp. 151-66.

Mahmoudian, Mortéza. *A linguística hoje*. Lisboa: Edições 70, 1982. (Coleção Signos).

Maingueneau, D. *Approche de l'énonciation em linguistique française*: embrayeurs, temps, discours rapporté. Paris: Hachette, 1981.

_____. *Elementos de linguística para o texto literário*. São Paulo: Martins Fontes, 1996.

_____. *Pragmática para o discurso literário*. São Paulo: Martins Fontes, 1996.

Maldidier, D. Elementos para uma história da análise do discurso na França. Orlandi, E. (org.). *Gestos de leitura*: da história no discurso. Campinas: Ed. Unicamp, 1994.

_____. Normand, C.; Robin, R. Discurso e ideologia: bases para uma pesquisa. Orlandi, E. (org.). *Gestos de leitura*: da história no discurso. Campinas: Ed.Unicamp, 1994.

Martins, E. *Enuciação e diálogo*. Campinas: Ed. Unicamp, 1990.

Medina, J. Charles Bally: de Bergson à Saussure. *Langages*. Paris: Larrousse, n. 77, mar. 1985, pp. 95-104.

Merquior, José Guilherme. *De Praga a Paris*: o surgimento, a mudança e a dissolução da ideia estruturalista. Rio de Janeiro: Nova Fronteira, 1991.

Milner, J.-C. *O amor da língua*. Porto Alegre: Artes Médicas, 1987.

____. *A obra clara:* Lacan, a ciência, a filosofia. Rio de Janeiro: Zahar, 1996.

Morson, G. S.; Emerson, C. (ed.). *Rethinking Bakhtin*: Extensions and Challenges. Evaston, III: Northwestem University Press, 1989.

Moura, Heronides Maurílio de Melo. Semântica e argumentação: diálogo com Oswald Ducrot. *Delta*, São Paulo, v. 14, n. 1, fev. 1998, pp.169-83.

Normand, C. Os termos da enunciação em Benveniste. Oliveira, S. L.; Parlato, E. M.; Rabello, S. (orgs.) *O falar da linguagem*. São Paulo: Lovise, 1996. (Série Linguagem).

____. É. Benveniste: quelle sémantique? *LINX*. Du dire et du discours. Hommage à Denise Maldidier. Paris: Centre de Recherches Linguistiques – Université Paris X, 1996.

____. (org.) *La quadrature du sens*. Paris: PUF, 1990.

Parret, H. A dêixis e os "embrayeurs" desde Jakobson. *Enunciação e pragmática*. Campinas: Ed. Unicamp, 1988.

Pavel, T. *A miragem linguística*: ensaio sobre a modernização intelectual. Campinas: Pontes, 1990.

Pêcheux, M. *Semântica e discurso*: uma crítica à afirmação do óbvio. Campinas: Ed. Unicamp, 1988.

Pedretti, A. B. *Effets de référentialité et logique identitaire (français/non français)*. Analyses discursive-énonciatives. (Thèse pour le doctorat). Direction: J. Authier-Revuz. Paris: Université de la Sorbonne Nouvelle – Paris III, 1996.

____. *O discurso*: estrutura ou acontecimento. Campinas: Pontes, 1990.

____. A análise de discurso: três épocas. Gadet, F.; Hak, T. (orgs.). *Por uma análise automática do discurso*: uma introdução à obra de Michel Pêcheux. Campinas: Ed. Unicamp, 1993, pp. 61-165.

____; Fuchs, C. A propósito da análise automática do discurso: atualização e perspectivas. Gadet, F.; Hak, T. (orgs.). *Por uma análise automática do discurso*: uma introdução à obra de Michel Pêcheux. Campinas: Ed. Unicamp, 1993, pp. 163-252.

Pomorska, C.; Rudy, S. Prefácio. *Arte verbal, signo verbal, tiempo verbal.* México: Fondo de Cultura Económica, 1992.

Récanati, F. *La transparence et la énonciation.* Paris: Seuil, 1978.

Rey-Debove, J. *Le métalangage*. Paris: Le Robert, 1978.

Ricouer, P. *O si-mesmo como um outro.* São Paulo: Papirus, 1991.

Roudinesco, E. *Jacques Lacan*: esboço de uma vida, história de um sistema de pensamento. Trad. Paulo Neves. São Paulo: Companhia das Letras, 1994.

Rudy, S. *A Complete Bibliography of Roman Jakobson's Writings, 1912-1982.* Berlin-Amsterdam-New York: Mouton, 1984.

Saussure, F. *Curso de linguística geral.* São Paulo: Cultrix, 1975.

Schäffer, M; Flores, V. N.; Barbisan, L. B. (orgs.). *Aventuras do sentido*: psicanálise e linguística. Porto Alegre: edipucrs, 2002.

Settineri, F. F. *Quando a linguagem tropeça*: heterogeneidade e ruptura na clínica psicanalítica – a presença do outro na fala do analisante. Porto Alegre: puc/rs, 1997. Projeto de Tese de Doutorado.

Souza, Geraldo Tadeu. *Introdução à teoria do enunciado concreto do círculo Bakhtin/ Voloschinov/ Medvedev*. São Paulo: Humanitas/fflch/usp, 1999.

Souza-e-Silva, M. Cecília Pérez; Faïta, Daniel (orgs.). *Linguagem e trabalho*: construção de objetos de análise no Brasil e na França. São Paulo: Cortez, 2002.

Teixeira, M. *Análise de discurso e psicanálise*: elementos de uma abordagem do sentido no discurso. Porto Alegre: edipucrs, 2000.

_______. Discurso e trabalho: uma proposta de intervenção. *Letras de Hoje*. Porto Alegre: edipucrs. v. 36, n. 4, dez. 2001, pp. 183-202.

______. O outro no um: reflexões em torno da concepção bakhtiniana de sujeito. *Proceedings* da xi Conferência Internacional sobre Bakhtin. Curitiba: ufpr, 2003.

Tezza, C. *Entre a prosa e a poesia*: Bakhtin e o formalismo russo. Rio de Janeiro: Rocco, 2003.

Toledo, D. *Círculo Linguístico de Praga:* estruturalismo e semiologia. Porto Alegre: Globo, 1978.

Xavier, A. C.; Cortez, S. (orgs.). *Conversas com linguistas*. São Paulo: Parábola, 2003.